居宅介護支援専門員のためのケアマネジメント入門④

ケアプラン文例集②

土屋典子 著

まえがき

　先日「寒ブリ」につられて、石川県の津幡町のケアマネ研修に参加した。
　津幡町は高齢者人口が70％に近いエリアを内包する山間部の地域である。介護保険法施行当初から、地域、行政、福祉の関係者はネットワークづくりと専門職の養成に力を注いできた。その成果は如実に現れ、町内には、毎日100件を超す担当高齢者を見守るために町中をくまなく歩き回る民生委員や、おおらかな人柄で利用者を支えているケアマネジャーがいる。また、地域の関係者がそれぞれの力を最大限発揮できるための方法を試行錯誤の中で考え、方向性を示し続けている、一見おっとりしているが実は敏腕の行政職員たちがいる。
　彼女・彼らは、関係者一人ひとりの絆が強く、実に楽しげに会話し、仕事をする文化を持っている。そして、国が言うから地域包括ケアをやるというよりは、むしろこれまで自分たちが必要に迫られ地道に築き上げてきたものを振り返ったら、「なんや、これが地域包括ケアやないか」ということに気が付いた、そんな印象を受ける。
　そんな津幡のケアマネジャーは勉強家である。飲み会の会話が「そらICFの視点で考えてみろや」「そんなのとっくに考えたわ」「ソリューション・フォーカスト・アプローチもいいんじゃないけ」「そやそや、おもろいわ」。各自が学びを深めなければ飲み会の会話にもついていけない（汗）。
　彼女・彼らは、なぜそんなに勉強するのだろう？
　ふと考え、自分自身が若い時どういう時に勉強したかという問いに突き当たった。目の前の利用者に対して、何とかその人の希望をかなえたいと思った時、その利用者を取り巻くチームで切磋琢磨し、利用者へのよりよい支援を模索する中で、私はもっと頑張りたくて、周りについていくため

に必死に勉強した。良い仲間の中で、その場で頑張りたいと思える時、何故だか人は頑張れる。良い環境に後押しされて、人はモチベーションを維持し、より高次の次元に向かおうとする意欲を持つことができる。

　現在、全国で「ケアマネジャーの質の向上に寄与することを目的」として、様々な取り組みが進んでいる。分厚い帳票の開発、参加したケアマネジャーに「関係者からつるし上げられた気がした」と言わせてしまうカンファレンスの推奨、重箱の隅をつつくようなケアプラン点検・指導の実施、研修時間の増加等々。中には、困ったなあと思う事業も多数ある。

　昔私がそうであったように、今津幡のケアマネジャーたちがそうであるように、ペナルティや上からの強制でなく、自ら学びたいと思い、安心と余裕を持って働ける環境づくりこそがケアマネジャーの質の向上に有効であることに、誰か気がついてくれないものだろうか。

　本書を執筆するにあたっては、津幡町を通して出会った上田やす子さんに全面的に協力を頂いた。上田さんと、上田さんを紹介してくださった寺本紀子さんに心から感謝を伝えたい。

居宅介護支援専門員のためのケアマネジメント入門⑤
ケアプラン文例集❷

もくじ

まえがき・・・・・2

第1章
ケアマネジメント力アップのために

1 ケアマネジメントに不可欠な2つの能力・・・・・6
2 見立て（アセスメント）・・・・・7
3 アセスメントをしてみよう・・・・・11
4 聞き方を工夫しよう・・・・・15

第2章
ケアプラン文例集

課題分析標準項目別文例集・・・・・26
コラム 地域での役割・・・・・90
サービス種別文例集・・・・・92

さくいん・・・・・176

居宅介護支援専門員のためのケアマネジメント入門④
ケアプラン
文例集
②

第1章

ケアマネジメント力アップのために
アセスメントのポイント、聞き方の工夫

1 ケアマネジメントに不可欠な
　2つの能力→6ページ

2 見立て（アセスメント）→7ページ

3 アセスメントをしてみよう→11ページ

4 聞き方を工夫しよう→15ページ

ケアマネジメント力アップのために

　超高齢化社会の進行に伴い、ケアマネジメントを実施する力は、今後さらに重要になります。そこで、ケアマネジメントに不可欠な2つの能力についてみていきましょう。

1　ケアマネジメントに不可欠な2つの能力

見立てと手立て

ケアマネジメントを構成する要素として、4つの重要な段階があります。
1　アセスメント
2　ケアプラン作成
3　サービス担当者会議
4　モニタリング

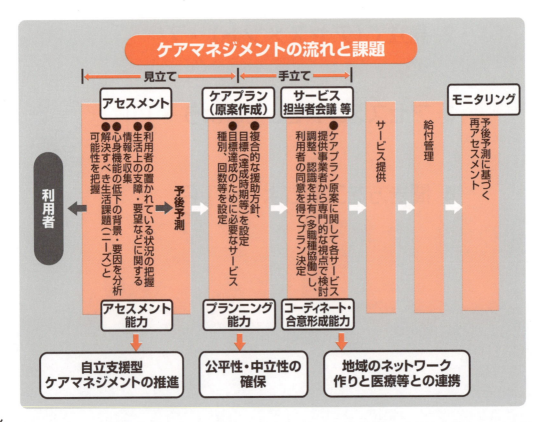

中でも、「見立て」（状況をアセスメントする力）と「手立て」（計画を立てたり実行する際の段取り力）は、ケアマネジメントを行う上での要となるでしょう。

ここでは、特に重要な「見立て」のポイントについて以下に解説を行っていきます。

2　見立て（アセスメント）

アセスメントの定義

アセスメントについては、厚生労働省は次のように定義しています（厚生労働省担当課長会議資料）。

> ●課題分析の目的
> 本人の望む生活（こう暮らしたいという暮らし＝生活の目標）と現状の生活（うまくできていない現状）とのギャップについて、課題分析項目等に基づく情報の収集から「なぜうまくできていないのか」という要因を分析し、生活機能を高めるために必要な「維持・改善すべき課題」を明らかにすること。

一方、社会福祉の領域においては次のように整理がされています。

> ●アセスメントとは
> ○「重要なデータの収集」＋「データの分析と統合」（hepworth&Larsen, 1993）
> ○多角的に情報を得、それらの情報をまとまりあるものとしてとらえ、そこから利用者に固有の問題解決を導いていける「情報分析」のプロセス（渡辺, 2004）

アセスメントでは何をするか

アセスメントには「情報収集」「データの分析と統合」の2つの段階があります。

① 情報収集

まず、相手と信頼関係を築きながら、これから援助に必要な基本的情報を取得します。ここでは、「何を」「どのように」「どのくらいの量」収集するかという、聞く時のポイントを押さえる必要があります。

② データの分析と統合
　次に、集めたデータを客観的に分析し、データを統合します。この方法については後ほど解説します（11ページ〜）。

　この後、集めた情報に基づき、ケアプランを作成します。ここでは、正確かつ効果的な文章表現力と、業務内容を言語化する力が必要になります。
　後半（26ページ〜）の文例集で、効果的な文章表現を用意しました。どうぞご活用ください。

　次に、それぞれに必要とされるスキルについてまとめましたので、ご覧ください（渡辺, 2004　p74を参考に作成）。

2つの段階で必要とされるスキル

1　情報収集
① 信頼関係形成力
② 援助者に必要な基本的知識の取得
③ アセスメントでカバーする項目の知識
④ 話を聞く技術
⑤ 分析に必要な関連領域の知識
⑥ 情報収集力
⑦ 家族への理解

2　データの分析と統合
① データの客観的な分析力
② 広範なデータの統合力
③ エコマップ、ジェノグラムの作成力

アセスメントの手順

次にアセスメントの手順を見ておきましょう。

1. 主訴の確認
   まず、どうして介護保険を申請しようと思ったのか、理由を尋ねましょう
   ↓
2. 基本情報収集
   氏名、住所、家族状況、介護保険情報等の基本的な情報を確認します
   ↓
3. 課題標準項目の収集
   相手の状況に応じて、多角的に情報収集しましょう
   ↓
4. 情報の整理・分析
   収集した情報を整理し、課題分析をしましょう

課題分析標準項目の見方

　上で見たアセスメントの手順の最後にある課題分析をする上では、課題分析標準項目が設定されています。アセスメントを行う上では、このポイントを必ず押さえる必要があります。次ページの厚生労働省から示されている課題分析標準項目をご覧ください。

課題分析標準項目

1	健康状態	利用者の健康状態（既往歴、主傷病、症状、痛み等）について記載する項目
2	ADL	ADL（寝返り、起きあがり、移乗、歩行、着衣、入浴、排泄等）に関する項目
3	IADL	IADL（調理、掃除、買物、金銭管理、服薬状況等）に関する項目
4	認知	日常の意思決定を行うための認知能力の程度に関する項目
5	コミュニケーション能力	意思の伝達、視力、聴力等のコミュニケーションに関する項目
6	社会とのかかわり	社会とのかかわり（社会的活動への参加意欲、社会とのかかわりの変化、喪失感や孤独感等）に関する項目
7	排尿・排便	失禁の状況、排尿排泄後の後始末、コントロール方法、頻度などに関する項目
8	褥瘡・皮膚の問題	褥瘡、皮膚の清潔状況等に関する項目
9	口腔衛生	歯・口腔内の状態や口腔衛生に関する項目
10	食事摂取	食事摂取（栄養、食事回数、水分量等）に関する項目
11	問題行動	問題行動等に関する項目
12	介護力	利用者の介護力（介護者の有無、介護者の介護意思、介護負担、主な介護者に関する情報等）に関する項目
13	居住環境	住宅改修の必要性、危険箇所等の現在の居住環境について記載する項目
14	特別な状況	虐待、ターミナルケア等に関する項目

課題分析標準項目が多すぎて覚えられないという方は、次の図のように整理してみるとよいでしょう。項目は6つのグループに分けられます。この6つの領域の情報を把握しながら、その方の望む暮らしを阻害している要因を探り、望む暮らしの実現のために必要なプランを考えていくことになります。

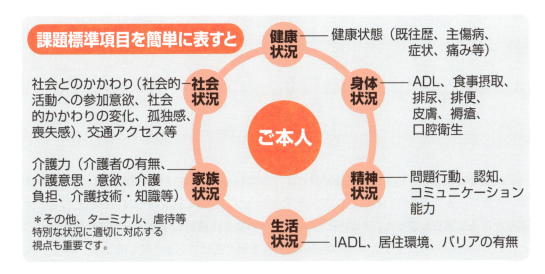

3　アセスメントをしてみよう

情報把握をしてみよう

　ここから、1つの事例を想定して情報把握をしてみましょう。
　ある日、介護保険サービス利用希望の方のお宅を訪問したとします。

〈事例の状況〉
玄関を開けるとゴミだらけの室内、2階では罵倒し合う子供の声、車椅子の高齢者と介護者らしき家族の表情も暗く、すぐにいがみ合い、言い争いが始まりそうな気配です。

　こうした現状に出遭った時、皆さんだったらどのように対応されるでしょうか。
　通常は、まずあわてず深呼吸、そして、あいさつをした後さりげなく状況を観察し、少しずつできる範囲から情報を収集していくことになるでしょう。
　状況を観察するとき、忘れてはならないのは、先にも示した6項目「健康状況」「身体状況」「精神状況」「生活状況」「家族状況」「社会状況」への目配りをまんべんなく行うことです。

アセスメントに必要な多角的情報

 健康状況　 身体状況　 精神状況

 家族状況　 社会状況　 生活状況

　この事例ではどうでしょうか。私自身がケアマネジャーになりたての頃を思い返すと、まず、大量のごみに目を奪われ、次に家族員同士のいがみ合いに気を取られ、あ然として「大変なところに来てしまった」という印象を持ってしまった気がします。そして、情けないことに、緊張で心拍数が上がる中、支離滅裂な面接を繰り広げてしまっていました。

　こうした失敗を防ぎ、目の前の状況に圧倒されないためには、まず自分自身が枠組みを持つことです。目の前の状況がどうであっても、ぶれない枠組みをしっかり持って、その枠組みに沿って情報を把握していくのです。その枠組みこそが、先の6項目となります。

- **本人の健康状態は、どうだろうか？**
  車椅子だけど、どんな病気があるのかな？　原因は何だろう？
- **本人の身体状況はどうかな？**
  歩けるのかな？
  体の動きはどうかな？　日常生活の動作はどうなっているだろう？
- **本人の精神状況はどうかな？**
  認知症はあるのかな？　意思決定はできるかな？
- **家族の状況はどうかな？**
  2階のどたばたしている子供たちはお孫さん？
  ということは、この若い女性はご本人の子供？　それとも息子さんの妻？
- **社会状況はどうかな？**
  この家にはどういう方々がかかわっているのだろう？
- **生活状況はどうかな？**
  経済的に問題はないかな？（これは、サービスの説明の時にさくっと聞きましょう。経済的なことは聞きづらいかもしれませんが、聞きづらいことほど重要な情報であることを認識して、しっかり把握しましょう）
  このごみは？　どうしてたまっているのかな？

ところで、利用者宅を訪ねた際、初めに目につきやすい情報は、インパクトの強い情報であることが多いようです。そして残念なことに、最も重要な情報が、そのインパクトの強い情報の裏に隠されてしまっていることがあるのです。

　こうしたことを考えると、訪問時には、目に見える、インパクトの強い情報だけに気を取られず、目に見えない、隠れた情報にも目を配ることが大事です。

　インパクトの強い情報に引きずられないためには、自分の中に枠組みを持ち、包括的で多様な視点から情報を集める癖をつけることが大切です。上図のようにバラバラだった情報を下のように整理してみましょう。

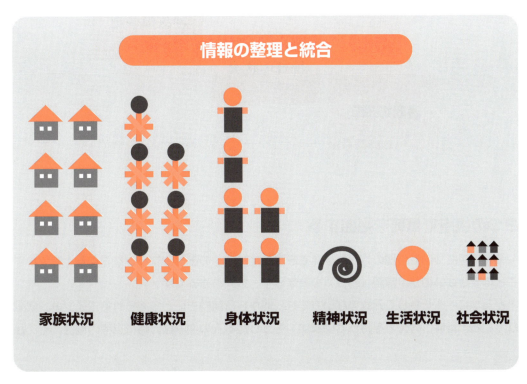

前ページの「情報の分布」の図の場合、一見、家族問題が目につき、多くの家族課題を抱える事例であるように思いがちですが、枠組みに沿って情報を整理すると、「情報の整理と統合」の図のように、家族の課題同様に、健康面や、身体的にも課題を抱えている人だということがわかります。

　その一方で、社会との接点も少なく、生活上必要なことがほとんど行われていないなど、早急に支援が必要な人であることがわかりますね。

　この場合、ごみよりも、健康状態の優先順位が高くなることが明らかです。

3つの時間軸

　現在の状況について把握したあとは、過去の歴史に目を向けましょう。

　ごみについては、いつごろから出せていないのか。出せなくなった時期に、何かしら家族の間での大きなイベントが起きていないか？　そもそもご本人の病気を発症したのはいつか等々、ご本人の家族史をひも解く作業が大切です。

　過去の出来事を知ることは、将来起こりうるリスクを予測する上で大きなヒントとなるでしょう。

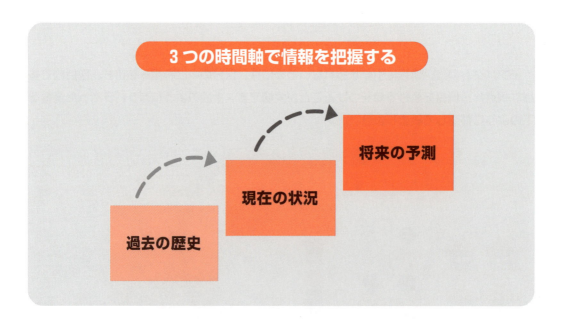

2つの視点で情報を把握する

　情報把握について整理のしかたを見てきましたが、その後ケアプランをつくる上で欠かすことのできないのが、課題（弱み）のみならず、本人の強みです。

　どんなにげっそりして元気のない方でも、何かしら前向きにとらえられるポイント、素敵なところ、習慣、考え方を持っています。そうした本人の強みは、特に自宅の場合、そこか

しこに隠されています。それらについても、じっくり話を聞いてください。

　話を伺う中で、今○○さんは、たくさんの課題を抱えているけれども、こんな素敵なところも持っている方なのだ、という理解を自分の中でできるようになると、相手の全体像がつかめてきたと考えることができるでしょう。

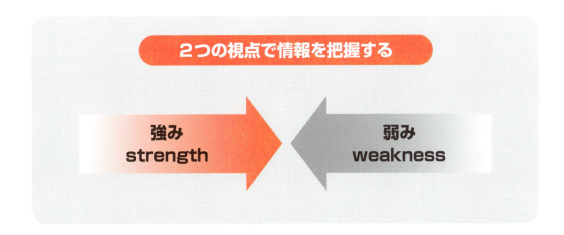

　情報の把握には、2014年に日本作業療法士協会が示した次ページの「興味・関心チェックシート」も役立ちます。強みについても、質問は通常の課題分析標準項目だけではなく、こうしたチェックシートなどの内容から把握することも大切です。

4 聞き方を工夫しよう

問いかける力をもって状況把握をしていこう

　問いかける言葉も大事です。6W1Hを駆使して、相手の状況を把握していきましょう。

What	何が困っていることなのだろう
Why	なぜ要介護状態になったのだろう
When	いつからこの状態なのだろう
Who	誰が困っているのだろう。本人？　家族？
Where	この方はどういう環境でどのように暮らしているのだろう
Wish	この方の希望は何だろう
How	24時間の生活をどうやって暮らしているのだろう

> 資料2

興味・関心チェックシート

氏名：＿＿＿＿＿＿＿＿＿＿　年齢：＿＿＿歳　性別（男・女）記入日：H＿＿年＿＿月＿＿日

　表の生活行為について，現在しているものには「している」の列に，現在していないがしてみたいものには「してみたい」の列に，する・しない，できる・できないにかかわらず，興味があるものには「興味がある」の列に〇を付けてください．どれにも該当しないものは「している」の列に×をつけてください．リスト以外の生活行為に思いあたるものがあれば，空欄を利用して記載してください．

生活行為	している	してみたい	興味がある	生活行為	している	してみたい	興味がある
自分でトイレへ行く				生涯学習・歴史			
一人でお風呂に入る				読書			
自分で服を着る				俳句			
自分で食べる				書道・習字			
歯磨きをする				絵を描く・絵手紙			
身だしなみを整える				パソコン・ワープロ			
好きなときに眠る				写真			
掃除・整理整頓				映画・観劇・演奏会			
料理を作る				お茶・お花			
買い物				歌を歌う・カラオケ			
家や庭の手入れ・世話				音楽を聴く・楽器演奏			
洗濯・洗濯物たたみ				将棋・囲碁・ゲーム			
自転車・車の運転				体操・運動			
電車・バスでの外出				散歩			
孫・子供の世話				ゴルフ・グランドゴルフ・水泳・テニスなどのスポーツ			
動物の世話				ダンス・踊り			
友達とおしゃべり・遊ぶ				野球・相撲観戦			
家族・親戚との団らん				競馬・競輪・競艇・パチンコ			
デート・異性との交流				編み物			
居酒屋に行く				針仕事			
ボランティア				畑仕事			
地域活動（町内会・老人クラブ）				賃金を伴う仕事			
お参り・宗教活動				旅行・温泉			

生活行為向上マネジメント

本シートの著作権（著作人格権，著作財産権）は一般社団法人日本作業療法士協会に帰属しており，本シートの全部又は一部の無断使用，複写・複製，転載，記録媒体への入力，内容の変更等は著作権法上の例外を除いて禁じます．

問いかけをしてみよう

それではWhatの質問から、実際の問いかけをしてみましょう。

What（何）の質問

▲新人さんの陥りやすい面接

ケアマネ　「何のことでお困りですか？」
利用者　　「家事ができなくてね」
ケアマネ　「ああ、家事ですか、大変ですね。
　　　　　　じゃあ、掃除や洗濯、調理などお困りでしょう。
　　　　　　じゃあ、それをヘルパーさんにやってもらいましょう」
利用者　　「ありがとう」

〈ケアプラン〉
　課　　題：家事全般で支援を必要としている
　長期目標：必要な家事を確保する
　短期目標：掃除、洗濯、調理を手伝ってもらう

●5年目ケアマネさんの面接

ケアマネ　「何のことでお困りですか？」
利用者　　「家事で困っていてね」
ケアマネ　「あら、具体的にどういうことが難しいですか？
　　　　　　ご病気は脳梗塞？　左麻痺ですか、なるほど。
　　　　　　洗濯は？　洗濯機に入れて、スイッチは押せる？　なるほど」
利用者　　「でも、干すことが難しいのよ」
ケアマネ　「そうですか。どういう物が難しいですか？
　　　　　　小さなものは大丈夫、大きなシーツとかが大変なのですね」

〈ケアプラン〉
　課　　題：脳梗塞後遺症。シーツや布団など大きな物を洗濯したり、干したりする時に
　　　　　　支援がほしい
　長期目標：清潔な寝具を整える
　短期目標：布団干しや、自分で干せない大きな洗濯物を干してもらう

Why（なぜ）の質問

▲新人さんの陥りやすい面接
　　ケアマネ　「車椅子の生活になったのは何が理由ですか？」
　　利用者　　「脳梗塞で手術したの」
　　ケアマネ　「ああ、大変ですね。脳梗塞ですか。左麻痺ですか。
　　　　　　　　じゃあ、掃除や洗濯、調理などお困りでしょう。
　　　　　　　　じゃあ、それをヘルパーさんにやってもらいましょう」
　　利用者　　「ありがとう」

〈ケアプラン〉
　　課　　題：家事全般で支援を必要としている
　　長期目標：必要な家事を確保する
　　短期目標：掃除、洗濯、調理など手伝ってもらう

●5年目ケアマネさんの面接
　　ケアマネ　「車椅子の生活になったのは何が理由ですか？」
　　利用者　　「脳梗塞で手術したの」
　　ケアマネ　「原因は何だったのでしょう？」
　　利用者　　「血圧が高くなって、上が250まで上がって…」
　　ケアマネ　「そうでしたか」
　　利用者　　「私、お醤油とか辛い物が好きだったの」
　　ケアマネ　「そうですか。お酒とかお好きですか？」
　　利用者　　「そうなの。毎日3合ずつ…」
　　ケアマネ　「なるほど。そうでしたか。
　　　　　　　　先生には今後気をつけるべきことなど言われていますか？」
　　利用者　　「塩分をとりすぎないように、食事管理。それから転倒防止」
　　ケアマネ　「そうですか。先生のおっしゃることを正確に覚えていらしてすばらしいで
　　　　　　　　すね」

〈ケアプラン〉
　　課　　題：脳梗塞後遺症。再発防止のため生活習慣を見直したい
　　長期目標：再発防止のため、食事、住環境、生活リズムを整える
　　短期目標：栄養バランスの良い、塩分制限された食事の確保
　　　　　　　　室内段差の解消
　　　　　　　　早寝早起き、暴飲暴食の禁止

When（いつ）の質問

▲新人さんの陥りやすい面接
　　ケアマネ　「車椅子の生活になったのはいつからですか？」
　　利用者　　「半年前です」
　　ケアマネ　「ああ、大変ですね。半年前ですか。
　　　　　　　　家に戻ってきてどうですか？　不安がある？
　　　　　　　　そうですか、どんなことができないですか？
　　　　　　　　掃除や洗濯、調理など？
　　　　　　　　じゃあ、ヘルパーさんに来てもらいましょう」
　　利用者　　「ありがとう」

〈ケアプラン〉
　　課　　題：退院後車椅子の生活。家事の面で不安がある
　　長期目標：不安な家事を手伝ってもらう
　　短期目標：掃除、洗濯、調理などできない部分を補ってもらう

●5年目ケアマネさんの面接
　　ケアマネ　「車椅子の生活になったのはいつからですか？」
　　利用者　　「半年前です」
　　ケアマネ　「そうでしたか。半年前。
　　　　　　　　半年入院されたのですね。
　　　　　　　　入院中はリハビリなどされたのですか？」
　　利用者　　「後半はかなり頑張って、歩行が可能になりました」
　　ケアマネ　「よく頑張られましたね。
　　　　　　　　お家に戻られて、この2週間はどうでしたか？」
　　利用者　　「娘が近所にいて泊まり込んでくれたのよ。
　　　　　　　　でも、お風呂が怖かったです」
　　ケアマネ　「なるほど。あとは、トイレなど、大丈夫でしたか？」
　　利用者　　「ええ」
　　ケアマネ　「よかったです。退院されて、娘さんのご協力でお家での生活が再開された
　　　　　　　　けど、入浴のことで不安があるということですね」

〈ケアプラン〉
　　課　　題：退院後、安心して入浴したい
　　長期目標：安全に入浴できる環境を整える

短期目標：転倒防止のため手すりを設置する
　　　　　浴室の床を滑り止め床材に変更

Who（だれ）の質問

▲新人さんの陥りやすい面接
ケアマネ　「今お困りのことは何ですか？」
娘　　　　「私やることがあるのに、急に母の介護が必要になって、大変なんです」
ケアマネ　「大変ですね。娘さんお仕事は？」
娘　　　　「仕事はないです。でも子供が小さくて大変なんです。
　　　　　　食事とか、掃除とか、お風呂も大変」
ケアマネ　「では、お困りのことをヘルパーさんにやってもらいましょう」
利用者　　「ありがとう」

〈ケアプラン〉
課　題：家事全般で支援を必要としている
長期目標：必要な家事を確保する
短期目標：掃除、洗濯、調理を一緒に行う

●5年目ケアマネさんの面接
娘　　　　「とにかく私が大変なんです」
ケアマネ　「そうですか。頑張っておられるのですね。それではまず、ご本人が退院されて、一番不自由されていることから教えてくださいますか。娘さんのお話はそのあとに教えてくださいね。ご本人様いかがですか？」
利用者　　「左手が使えなくて」
ケアマネ　「そうですね。不自由ですよね。
　　　　　　例えば、朝起きてから、どういうふうに過ごしておられるか順番に教えていただけますか？」
利用者　　「まず、起きて、トイレに行きます」
ケアマネ　「一人で行けますか？」
利用者　　「娘を呼びます。そしてトイレに行って、介助してもらって、戻って洗面をする。歯磨きは一人でします」
ケアマネ　「トイレは介助してもらって。洗面は？」
利用者　　「タオルが絞れないんです。それだけ娘に手伝ってもらいます」
ケアマネ　「なるほど」

〈ケアプラン〉
　課　　題：左手麻痺のため排泄、移動、整容に困難を感じている
　長期目標：朝気持ちよく一日を迎える
　短期目標：自力で排泄できるよう環境を整える
　　　　　　転倒せず移動できるようサポートを得る
　　　　　　身支度を整える

Where（どこ）の質問

▲新人さんの陥りやすい面接

　ケアマネ　「こちらのお宅は段差が多いですけれど、お困りのことはないですか？」
　　　　　　介護保険では、トイレやお風呂の手すりをつけたり段差解消、
　　　　　　それから昇降機の設置など、いろいろなことができるんですよ。
　　　　　　例えば、これがパンフレットなのですが」

〈ケアプラン〉
　課　　題：室内の段差で困っている
　長期目標：必要な住宅改修を行う
　短期目標：トイレ、お風呂の手すり取付
　　　　　　各部屋の段差解消

●5年目ケアマネさんの面接

　ケアマネ　「慣れたお宅に戻られていかがですか？」
　利用者　　「ほっとしました」
　ケアマネ　「そうですよね。病院の生活はどうしても我慢することが多いですよね。
　　　　　　例えば、先ほどお風呂の話が出ましたが、戻られてから入られたことはあ
　　　　　　ります？」
　利用者　　「ええ。昨日入りました」
　ケアマネ　「ちょっとどうやって入られたか教えていただけますか？
　　　　　　お疲れになりませんか？　大丈夫？　ではお願いします。
　　　　　　ああ、ここをつかまって、こうしてまたいで。
　　　　　　なるほど、ここが滑りやすいかな。
　　　　　　でも、この取っ手が握りやすいですね」
　利用者　　「40年入っているから、一番安心よ」
　ケアマネ　「なかなか上手に工夫されていますね」

〈ケアプラン〉
　　課　　題：安心してお風呂に入りたい
　　長期目標：これまで利用していた本人が慣れている浴槽を活用して安全に入浴する
　　短期目標：一人では不安なので見守りをしてもらう
　　　　　　　段差解消のための工事を行う

専門職に尋ねよう

　自分ではわからないことがあるときは、直接利用者に尋ねるだけでなく、専門家に意見を聞くとよいでしょう。これが短時間で行えるのがサービス担当者会議です。
　会議以外でも、「この件についてご助言いただきたい」と連絡すれば、多くの場合、専門職から何らかのリプライがあると思います。
　誰に何を尋ねるかは、以下を参考にしてください。

〔誰に何を尋ねるか〕
●管理栄養士●
　　健康や栄養状態の見極めと支援方法の助言
　　　例）糖尿病なのに暴飲暴食する利用者さんへの対応をどうしよう。
●社会福祉士●
　　経済、家族関係、社会資源調整
　　　例）家族関係が悪い利用者さんのことを相談したい。
●理学療法士●
　　筋力、持久力、痛みなどの心身機能、起居歩行などの基本的動作の能力の見極め、支援方法、訓練方法の助言
　　　例）退院後リハビリ希望の利用者さんに、どういうゴールを設定すればいいのだろう。
●薬剤師●
　　健康状態と薬剤の見極めと適切利用のための助言
　　　例）薬を飲めていない利用者さんのことを相談したい。
●言語聴覚士●
　　聴覚、言語機能、嚥下、摂食機能などの心身機能やコミュニケーション能力の見極め、支援方法、訓練方法の指導
　　　例）失語症の利用者さんのリハビリについて相談したい。
●保健師●
　　健康状態の見極め
　　　例）この利用者さんはどうしたらセルフケアしてくれるかな。

● **作業療法士** ●
　認知機能などの心身機能、ADL、IADL、余暇活動、道具選定、環境調整能力の見極め、支援方法
　　例）この利用者さんの認知症予防は料理などがいいのかな？　どうやって進めていこう。

● **医師** ●
　疾患に着目した生活の留意事項の助言
　　例）退院後の再発予防に向け、疾患への生活上の留意点を知りたい。

● **歯科医師** ●
　口腔内の疾患、摂食嚥下機能
　　例）最近むせやすいと言っている利用者さんのことを相談したい。

● **看護師** ●
　健康状態、療養上の世話の見極め助言
　　例）手術後在宅生活を送る上での留意点は？

　専門職に尋ねるときのポイントは、何を聞かれているのか、相手が理解できるように話をする、ということです。連絡する前にメモをつくって、練習してみてから電話することから始めてみてはいかがでしょうか。
　以下、専門職への尋ね方の例を参考にしてください。

医師へ電話で尋ねた場合

　　　　　―医師に電話をかける―
○○さんの担当の○○と申します。
〈枕言葉〉今5分ほどお時間よろしいでしょうか。
〈要　件〉実は今回退院なさったわけですが、再発防止に向けて生活面での留意事項をお伺いできたらと思いまして。
　　　　　―回答―
〈御　礼〉ありがとうございました。また、よろしくお願いいたします。

理学療法士へ電話で尋ねた場合

　　　　　―理学療法士に電話をかける―
○○さんの担当の○○と申します。
〈枕言葉〉今5分ほどお時間よろしいでしょうか。
〈要　件〉実は、今回退院なさったわけですが、ご本人もまだ不安があるとのことで、基本的動作の能力について、また、在宅での支援方法、リハビリ等での訓練方法

についてご助言をいただければと思いまして。
　　　―回答―
〈御　礼〉ありがとうございました。また、よろしくお願いいたします。

医療連携が苦手な場合は

　医療連携はこれからケアマネジャーにとって避けては通れないものになりますが、苦手な人も多いと思います。
　けれども、苦手な領域があるということは、得意な領域もあるということです。
　まずは自分の得意な領域で自信を持ちましょう。
　そして、苦手領域は「一歩一歩克服」です。以下のステップで克服していきましょう。

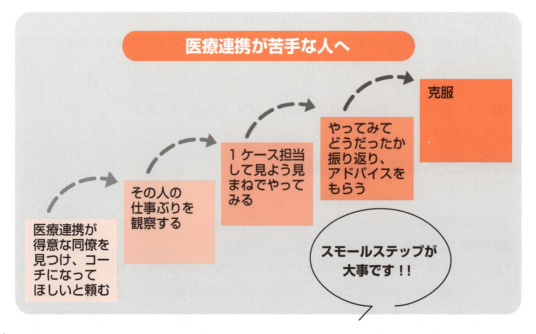

第2章

ケアプラン文例集

課題分析標準項目別文例集→26ページ

コラム 地域での役割 90ページ

サービス種別文例集→92ページ

さくいん→176ページ

課題分析標準項目別文例集

*状態が同じものは一番上に一つだけ入っています

標準分析項目	原因	状態	ニーズ・課題
健康状態	**ポイント** ①疾患については、これまでの既往歴はどうだったのでしょうか。②それぞれについて、治療は行われていますか？　③服薬はどうでしょうか。室内に大量に飲み残しの薬がたまっていませんか？		
健康状態	不眠	毎日眠れない。昼夜逆転になりそう	毎日安心して眠れる
健康状態	不眠		毎日安心して眠れる
健康状態	不眠		毎日安心して眠れる
健康状態	不眠	かゆみ、痛みのために眠れない	かゆみ、痛みを軽減し、毎日安心して眠れる
健康状態	不眠	夜間排泄が心配で毎日眠れない	失禁の心配をせず、安心して眠れる
健康状態	うつ病	食欲不振が著しく歩行も困難となり入院する。入院当初は食事摂取量も少なく意欲、体力ともにない状況だったが、徐々に食事摂取量も増加し、退院する	筋力をつけて安心して立ったり歩いたりしたい
健康状態	うつ病		家から出るのもいいと思うし気晴らしもしたほうがいいと思っている
健康状態	うつ病	うつ病のため清潔観念が低下しており、入浴していない	定期的に入浴の声かけと、介助を要する
健康状態	うつ病	うつ病のため自室を整理、整頓、清掃ができない	自室環境整備や洗濯、声かけに、ヘルパーによる生活支援を要する
健康状態	認知症、在宅酸素	認知症の末期で寝たきり。常時介護を要する。息子さん夫婦が協力して介護している。自宅で最期まで介護することを希望される	入院しないで家で過ごさせたい

「居宅サービス計画書 第2表」部分

長期目標	短期目標	サービス内容	サービス種別
良い眠りを得る	規則的な生活習慣を持つ（早寝早起き）	生活のリズムをつくる	自分
良い眠りを得る	日中太陽光を浴び、明るい部屋で過ごし、適度に運動する	レクリエーション活動、外出	通所介護
質の高い睡眠を得る	夕方以降、酒、たばこ、カフェイン入り飲料を控える	適切な飲食	自分
必要な睡眠をとる	主治医に相談し、かゆみ、痛みを軽減し、安眠できる環境を整える	医師の診察	主治医
深い眠りを得る	尿とりパッドや紙おむつを使用して失禁の不安をなくす	紙おむつ、尿とりパッド	福祉サービス
転倒を防ぐ	杖を使って安全に移動する	①筋力アップ・拘縮予防トレーニング ②移動・移乗時の見守りと介助	通所リハビリテーション
意欲の低下を防ぐ	食事摂取量を維持する	①健康チェック ②服薬管理、定期受診	通所リハビリテーション、家族
安全に入浴する	皮膚の清潔が保持できる	①入浴介助（洗身、洗髪、更衣） ②皮膚の観察、軟膏塗布	通所介護
ケアハウスでの生活を続ける	ヘルパー支援で清掃、洗濯、通所介護の準備を行う	洗濯、通所介護の準備、整頓等の声かけ	訪問介護
穏やかな毎日を過ごす	病状の悪化を防ぐ。異常の早期発見ができる。褥瘡を予防する	①病状管理（呼吸状態） ②皮膚ケア ③呼吸リハビリ、拘縮予防トレーニング ④介護相談、介護指導 ⑤福祉用具レンタル（介護ベッド、車椅子）、購入（補高便座）、メンテナンス ⑥定期受診	訪問看護、訪問リハビリテーション、福祉用具貸与、福祉用具購入、家族

課題分析標準項目別文例集

*状態が同じものは一番上に一つだけ入っています

標準分析項目	原因	状態	ニーズ・課題
健康状態	認知症	買い物依存症なのか、高価な物を購入し何度もクーリングオフするが懲りない。息子が同居を提案するがこの地を離れたくないと一人暮らしを続けている。地域で見守っている	一人暮らしを続けるには家事支援、日常生活の見守り支援、詐欺等に遭わないように地域包括支援センターと連携した支援を要する
健康状態	認知症	若いころの事故で左上肢に軽い麻痺がある。片付けられず清潔の観念が低い	左手が不自由なので清掃など手伝ってほしい
健康状態	認知症	認知症のため物忘れがあり、同じことを何度も言う。息子家族と同居。日中は一人になる	本人は畑も気になると言うが、認知症の進行があり、日中一人では過ごせず見守りを要する
健康状態	パーキンソン病	パーキンソン病末期状態で四肢筋固縮、関節拘縮し、すべてにおいて全介助状態で、胃ろう造設している	寝たきりでも一緒に食事ができなくても娘と(母と)この家で暮らしたい。穏やかに在宅生活を続ける
健康状態	パーキンソン病	パーキンソン病は内服コントロールされているが緩やかに進行傾向にある	家事や身の回りのことを続けたい(自分の家で、自分の部屋で入院前の生活を続けたい)
健康状態	パーキンソン病	パーキンソン病。ホンヤールⅢ。内服治療薬による日内変動がある。手指の振戦、すくみ足、突進現象、オンオフが顕著にある	パーキンソン病のため振戦や日内変動があり、家事動作ができず生活支援を要する
健康状態	パーキンソン病、骨折、意欲低下	パーキンソン病は薬調整し経過は緩やか。骨折後リハビリを行い、歩行器レベルまで回復する。糖尿病は血糖コントロール良好	通所リハビリテーションに通って、会話やお出かけなど皆と一緒に楽しみたい
健康状態	統合失調症	統合失調症で入退院を繰り返す。高齢者専用住宅で生活を再開。服薬・精神的支援や日常の助言、見守りを要する	高齢者専用住宅でこれからも生活を続けたい。服薬を守り、安定した精神状態で過ごす
健康状態	統合失調症	精神科に通院加療中。高脂血症、高血圧等もあり服薬数が多く、服薬の確認を要する。病状は安定しており、きちんと服薬し通院している	自立に向けて食材の買い物をすることでお金の使い方を身につける
健康状態	統合失調症	高齢者専用住宅で生活。洗濯は自分でしているが、部屋を片付けることができない。精神的には落ち着いて過ごしている。生活範囲も拡大している	部屋を片付けることが不得手で、声かけや介助等を要する

「居宅サービス計画書 第2表」部分

長期目標	短期目標	サービス内容	サービス種別
一人暮らしを続ける	通所介護で気分転換ができる。日常生活で見守りを得る	①健康チェック ②他利用者やスタッフとの交流 ③レクリエーション活動や行事の参加 ④緊急時の支援体制	訪問介護、通所介護、地域包括支援センター、町会、民生委員、ケアマネジャー
ヘルパー支援で快適な生活空間が維持できる	現在の家事能力を維持することができる。ヘルパー支援で安心して家事ができる	清掃、片付け（居間、台所、トイレ、浴室、玄関）	訪問介護
日常生活のリズムができ上がる	通所リハビリテーションに慣れる。気分転換ができる	脳トレーニング、レクリエーション活動、他利用者や他スタッフとの交流、園芸療法への参加	通所リハビリテーション
娘との生活を継続できる	肺炎の再発を予防。胃ろうトラブルを防止。円滑に胃ろう注入ができる。褥瘡を予防する。介護動作の負担を減らす	①健康チェック、服薬管理 ②胃ろう管理、胃ろう注入 ③褥瘡予防、療養相談、医師・サービス提供事業者との連携、病状管理 ④福祉用具レンタル（介護ベッド、エアマットレス、車椅子、手すり、スロープ）	訪問診療、通所リハビリテーション、通所介護、訪問看護、福祉用具貸与
病状の悪化を防ぐ（パーキンソン病、糖尿病、喘息）	服薬と定期受診継続。洗濯物干し、洗濯物たたみ、身の回りの整頓などできるだけ自分で続けたい	①服薬管理、通院 ②夜間の見守り、声かけ ③家事や整頓等の声かけ	かかりつけ医、家族
ヘルパー支援で栄養状態を維持できる	おいしく食事がとれる	調理	訪問介護
楽しみのある時間を過ごし意欲の低下を防ぐ	気分転換ができる	①レクリエーションの声かけ、他利用者との交流、健康チェック ②服薬管理、定期受診	通所リハビリテーション、医療機関
精神的に安定することで、高齢者専用住宅での生活を継続できる	きちんと服薬、通院する。よく眠る。気分転換する。公共交通機関を利用して通院する。通院時自分の体調や精神症状、服薬状況を医師に伝えられる	①服薬管理、療養相談、精神的支援（本人の話をよく聞く） ②主治医、MSWとの連携 ③レクリエーション・趣味活動	訪問看護、ケアマネジャー、通所介護、家族、医療機関
買い物の仕方、金銭管理を身につけることができる	弁当に不足しがちな野菜や総菜、果物をヘルパーとともに購入できる	買い物時の同行、購入内容や一度に使う金額の助言	訪問介護
ヘルパー支援で自室の環境整備ができる	快適な部屋で過ごせる	環境整備の助言をし、一緒に行う	訪問介護

課題分析標準項目別文例集

*状態が同じものは一番上に一つだけ入っています

標準分析項目	原因	状態	ニーズ・課題
健康状態	骨粗しょう症	骨がもろく、転ぶとすぐに骨折してしまう	骨を丈夫にする
健康状態	骨粗しょう症		骨を丈夫にする
健康状態	骨粗しょう症		骨を丈夫にする
健康状態	再生不良性貧血	病識もあり、きちんと服薬、定期通院を守っている。再生不良性貧血で通院加療中。寛解期だが急性転化し、病状が急激に悪化する可能性がある	病状が急激に悪化する可能性があり、服薬や体調管理を要する
健康状態	再生不良性貧血		病状が急激に悪化する可能性があり、服薬や体調管理を要する
健康状態	再生不良性貧血		病状が急激に悪化する可能性があり、服薬や体調管理を要する
健康状態	糖尿病、慢性呼吸不全、神経因性膀胱	在宅酸素、人工呼吸、神経因性排尿障害、インスリン療法、廃用症候群。車椅子での自走はできない。起き上がり、立ち上がり、移乗、更衣、排泄等すべてに介助を要する	生活を続けるには医療チームが連携して病状管理、異常の早期発見、対応を要する。また、介護者の精神的支援が必要
健康状態	糖尿病、慢性呼吸不全、神経因性膀胱		生活を続けるには医療チームが連携して病状管理、異常の早期発見、対応を要する。また、介護者の精神的支援が必要
健康状態	糖尿病、慢性呼吸不全、神経因性膀胱		生活を続けるには医療チームが連携して病状管理、異常の早期発見、対応を要する
健康状態	糖尿病、慢性呼吸不全、神経因性膀胱		生活を続けるには医療チームが連携して病状管理、異常の早期発見、対応を要する
健康状態	認知症、糖尿病	日に何度もコンビニに行き、甘い物を大量に購入して食べるため、血糖コントロールができない。インスリン注射を家族がしている	インスリン注射、服薬管理、間食防止が必要

「居宅サービス計画書 第2表」部分

長期目標	短期目標	サービス内容	サービス種別
骨密度を低下させないよう食事療法を行う	カルシウムの摂取を意識する（小魚、牛乳、ヨーグルト、ヒジキ）	配食サービス	福祉サービス
骨粗しょう症を予防するための運動時間を確保する	日光に当たり、筋肉を鍛え、無理のない範囲で運動する	ストレッチ、ジョギング	自分
骨粗しょう症の治療のため適切な治療薬を服薬する	骨折リスクが高いため、薬物療法を開始する	受診、服薬	主治医
意欲、体力が低下せず、病状が安定する	風邪の予防。服薬を守る	定期通院、服薬管理	医療機関
意欲、体力が低下せず、病状が安定する	食事をきちんと食べる	配食サービス	福祉サービス
意欲、体力が低下せず、病状が安定する	食事をきちんと食べる。趣味や脳トレーニングを楽しむ	①食事、健康チェック　②脳トレーニング　③レクリエーション活動	通所介護
在宅生活が継続できる。介護負担の軽減ができる	血糖がコントロールできる。褥瘡の予防	①定期的な医師の診察　②服薬管理　③インスリン注射、血糖、呼吸状態の管理　④療養相談	訪問診療、居宅療養管理指導、訪問看護
在宅生活が継続できる。介護負担の軽減ができる	尿路感染症の予防	①留置カテーテル管理・交換　②療養相談　③排泄介助　④清拭	訪問看護、訪問介護
在宅生活が継続できる。介護負担の軽減ができる	呼吸状態の悪化を防ぐ	人工呼吸器のメンテナンス、呼吸状態の管理	在宅酸素供給事業所、訪問診療
在宅生活が継続できる。介護負担の軽減ができる	褥瘡の予防	介護ベッド、手すり、エアマットレス、車椅子のレンタルとメンテナンス	福祉用具貸与
血糖値が安定する	インスリン注射を継続	①インスリン注射　②服薬管理、定期受診	訪問看護、主治医

課題分析標準項目別文例集

*状態が同じものは一番上に一つだけ入っています

標準分析項目	原因	状態	ニーズ・課題
健康状態	認知症、糖尿病	日に何度もコンビニに行き、甘い物を大量に購入して食べるため、血糖コントロールができない。インスリン注射を家族がしている	インスリン注射、服薬管理、間食防止が必要
健康状態	認知症、糖尿病		インスリン注射、服薬管理、間食防止が必要
健康状態	認知症、糖尿病	一人暮らし。食事療法が守れずインスリンも自己判断で中止し、血糖コントロール不良で入院。認知症もあり、理解力がない	一人暮らしを継続するには医療職による血糖管理を要する。また日常生活のリズムを整える必要がある
健康状態	糖尿病	食事療法は守れない。近所の店で総菜を購入して食べる生活。インスリンを注射しているから食べたい物を食べている。訪問看護による医療管理を要する	糖尿病はわかっている。今まで我慢したからこれからは食べたい物を食べる
健康状態	糖尿病	50歳代から糖尿病指摘される（職場検診）。血糖のコントロールは不良。1日2回のインスリン注射を行う。検査拒否や離棟、買い食いがある。徘徊等認知症の進行や病識もなく、やむなく治療を中断し自己退院となる。インスリン自己注射はできず訪問看護を開始した	食事療法を守ることはできないが、訪問看護によるインスリン注射と服薬管理で血糖コントロール。日常生活指導をすることで病状悪化予防と異常時に早期に対応することができる
健康状態	糖尿病	糖尿病による慢性腎不全のため透析療法に通っている	透析に通うために介護タクシーを利用したい。体調が良くない日もあり、介助をお願いすることもある
健康状態	糖尿病	一人暮らし。近隣に住む娘さんが身の回りのこと、食事づくりや家事を担っている。仕事と家庭もあり、介護負担が重い	一人暮らしを継続するために家族とヘルパーが協力して身の回りのことを行う必要がある
健康状態	糖尿病	糖尿病は進行性の疾患で今後合併症を発症する可能性もあるが、食事、服薬、定期受診をきちんと守れない	糖尿病のため食事、服薬、定期受診をきちんと守る必要がある
健康状態	糖尿病、心不全	2型糖尿病のためにインスリン治療中。うっ血性心不全のため労作時に息苦しさがあり、無理はできない。寝たきりで過ごす時間が増えている。一人暮らし	居間や台所の整頓を手伝ってほしい

「居宅サービス計画書 第2表」部分

長期目標	短期目標	サービス内容	サービス種別
血糖値が安定する	食事療法を守る	①服薬管理、定期受診 ②買い物への対応	家族
血糖値が安定する	甘い物を日に何度も購入しない	買い物への対応	家族、コンビニ店
糖尿病の悪化を防ぐ。規則正しい日常生活を送る	通所リハビリテーションに休まず通う。趣味活動や脳トレーニングを楽しむ。意欲を保ち、家事ができる。きちんと服薬する	①健康チェック ②脳トレーニング ③レクリエーション活動 ④定期通院 ⑤服薬管理 ⑥配食サービス	通所リハビリテーション、家族、訪問看護、行政一般施策
血糖コントロールを継続する	訪問看護によるインスリン注射と服薬を継続する。ヘルパー介助で定期通院する	①インスリン注射 ②服薬管理、定期受診 ③病院看護師との連携 ④主治医への連絡 ⑤療養指導、総菜購入の助言 ⑥定期受診介助	訪問看護、訪問介護、ケアマネジャー
血糖コントロールを継続する	訪問看護によるインスリン注射を継続し、服薬を守る。ヘルパー介助で定期受診する	①インスリン注射 ②服薬管理、病院看護師、ヘルパーとの連携 ③療養指導、惣菜購入の助言 ④定期受診介助、通院等乗降介助	訪問看護、病院看護師、介護タクシー
定期的に透析に通う	介護タクシーを利用して透析に通う	通院等乗降介助	介護タクシー
一人暮らしを続ける	家族、ヘルパー介助で身の回りのことができる	清掃(トイレ、居間、寝室、玄関、浴室)、洗濯、クリーニング、買い物、冷蔵庫内の整理、季節毎の衣服の入れ替え、シーツ交換、庭の手入れ	有料ヘルパー、家族
ヘルパー介助で毎日きちんと食事摂取、服薬ができる。整った環境で生活を送ることができる	バランスの良い食事をとれる。服薬が途切れない	調理、服薬確認、食材や日用品の買い物	訪問介護、家族
整頓された環境で過ごせる	定期的に環境整備ができる。自分でできることはやりたいので、できないことを支援してもらう	①環境整備(居間、寝室、台所、トイレ、浴室) ②安否確認	訪問介護、自分

課題分析標準項目別文例集

*状態が同じものは一番上に一つだけ入っています

標準分析項目	原因	状態	ニーズ・課題
健康状態	心不全	体調が悪化し入院。体力、筋力の低下がある。一人暮らし	入院による体力、筋力の低下がある。日常生活のリズムの確立と一人暮らし再開の意欲を取り戻す必要がある
健康状態	肺炎	肺炎、尿路感染で入院し、体力、栄養状態が低下する。疲れやすい	体力、栄養状態、筋力は回復傾向にあるが、栄養管理や体力・筋力づくりを継続する必要がある
健康状態	洞不全症候群	洞不全症候群にてペースメーカー挿入。体調が悪化し入院。体力、筋力の低下がある。一人暮らし	入院による体力、筋力の低下がある。日常生活のリズムの確立と一人暮らし再開の意欲を取り戻す必要がある
健康状態	慢性呼吸不全、気管支喘息、大腿骨頸部骨折	在宅酸素療法中。慢性心不全もあり疲れやすい	ここ（自宅）にいるのが一番落ち着く。家族も皆本人の思うように過ごさせてやりたいと希望している
健康状態	大腿骨頸部骨折	転倒して右大腿骨転子部骨折し、手術する。リハビリし、歩行器が利用できるまで回復する	歩行器レベルまで回復するが腰痛もあり、自室環境整備や身の回りのことには介助を要する（部屋の片付けや通所リハビリテーションの準備は大変。手伝ってほしい）
健康状態	大腿骨骨折後	自立した生活を送っていたが転倒して大腿骨頸部骨折し、入院する。入院による体力、栄養状態、筋力の低下がある	まだ体力が回復していないので掃除や洗濯、買い物など手伝ってほしい
健康状態	大腿骨骨折後		体力も落ちたし先のことを考えると、一人でやっていけるか心配
健康状態	変形性膝関節症	変形性膝関節症のため、加重時や歩行時に痛みがある。下肢筋力の低下もあり、歩行状態は不安定	リハビリを続け、下肢筋力をアップすることで膝周囲の筋力をつけ、痛みの悪化を軽減する必要がある
健康状態	脊柱管狭窄症、腰椎圧迫骨折、糖尿病	脊柱管狭窄症で手術し、リハビリして退院するが転倒し、腰椎圧迫骨折する。コルセット装着している。廃用性の筋力低下があり、移動時は夫が見守っている	腰痛、廃用性の筋力低下があり、手すり設置や介護ベッドを要する

「居宅サービス計画書 第2表」部分

長期目標	短期目標	サービス内容	サービス種別
規則正しい日常生活を送る。体力、意欲が回復する	通所リハビリテーションに休まず通所する。訪問看護による服薬管理できちんと服薬を守る。通院を守る	①健康チェック、筋力アップトレーニング、趣味活動 ②定期通院、服薬管理	通所リハビリテーション、家族、訪問看護
体力、栄養状態、筋力、意欲が向上する	食事摂取をきちんと行う	調理または食事の確保	訪問介護または配食サービス、または宅配弁当
病状の悪化を防ぐ。規則正しい日常生活を送る	通所リハビリテーションに休まず通所する。服薬、通院を守る	①健康チェック、筋力アップトレーニング、趣味活動 ②定期通院、服薬管理	通所リハビリテーション、家族
穏やかに楽しみのある毎日を過ごす	楽しみある時間を過ごす。気分転換する。趣味活動を通して意欲を向上する	①レクリエーション活動や家族以外の人との交流 ②趣味活動	通所介護、通所リハビリテーション
自室環境が整い、通所リハビリテーションの準備が整う	自室環境が整い、衣服の収納や寝具の交換ができる。通所リハビリテーションの準備ができる	①自室環境整備 ②衣服・寝具交換等の介助 ③通所リハビリテーションの服薬準備	訪問介護
ヘルパーやボランティア支援で身の回りのことができる	定期的に洗濯ができる。快適な部屋で過ごせる。生活に必要な物が購入ができる	①洗濯の声かけ、介助 ②掃除(居間、トイレ、台所の掃除機かけ、拭き掃除) ③冷蔵庫内の整理 ④買い物の代行(本人依頼時) ⑤シーツ交換(本人依頼時) ⑥季節の衣服の交換、整理(本人依頼時) ⑦ごみ出しの準備(本人と一緒にごみ出し時の見守り) ⑧移動スーパーの買い物時の見守り	訪問介護、ボランティア
ケアハウスでの生活が継続できる	体力や意欲が回復し、毎日を楽しむ	個別機能訓練、筋力アップトレーニング、趣味活動、日常生活の支援	通所介護(生活相談員)
下肢筋力をつけ、膝の痛みの悪化を防止する	歩行や立ち上がり時の膝の痛みが軽減する	①ホットパック、メドマーの利用 ②簡単なエクササイズ ③定期通院	通所介護、家族
腰痛の悪化を防ぎ、転倒を予防する	手すりにつかまりゆっくり歩く。ベッドから安全に立ち上がる	手すり設置(廊下、玄関、トイレ、外玄関)、介護ベッドレンタル	住宅改修、福祉用具貸与

課題分析標準項目別文例集

健康状態 / ADL / IADL / 認知 / コミュニケーション能力 / 社会とのかかわり / 排尿・排便 / 褥瘡・皮膚の問題 / 口腔衛生・口腔ケア / 食事摂取 / 介護力 / 居住環境 / 特別な状況〈虐待〉 / 特別な状況〈ターミナルケア〉 / 特別な状況〈医療連携〉 / 特別な状況〈経済状況〉

課題分析標準項目別文例集

*状態が同じものは一番上に一つだけ入っています

標準分析項目	原因	状態	ニーズ・課題
健康状態	肝硬変非代償期、腎臓がん	腎ろう、肝硬変末期で腹水もある。疲れやすく、終日寝たきりで過ごす。一人暮らし。入院はかたくなに拒否している。低栄養状態が続いている	一人暮らしのため生活支援を要する
健康状態	肝硬変非代償期、腎臓がん ＊褥瘡・皮膚の問題にもあり	腎ろう、肝硬変末期で腹水もある。疲れやすく終日寝たきりで過ごす。一人暮らし。入院はかたくなに拒否している	肝硬変の進行に伴う低栄養状態で腎ろうラパック周囲の潰瘍を繰り返しており、医療管理を要する
健康状態	乳がん	乳がんで治療中。抗がん剤の副作用がつらい	抗がん剤の副作用で、指の先が割れて痛い。何とかしたい
健康状態	胃がん全摘後	胃がんのために抗がん剤継続服用中。入院、手術による筋力、体力の低下がある	体力、栄養状態、筋力の低下があり、栄養状態アップ、筋力をつけるためのリハビリを要する
健康状態	複数の病気	胃潰瘍、糖尿病、腰痛、下肢静脈血栓症、認知症と複数の病気があり、通院をしているが、食事療法を守れない。鎮痛剤による胃潰瘍を繰り返している	複数の病気があり、服薬管理を要する
健康状態	脳出血、神経因性膀胱	脳出血による右片麻痺、失語症がある。杖歩行し、排泄も自分で行う。妻が入浴介助している	日中一人で過ごしており、立ち上がりに介助や介護用ベッドを要している
健康状態	脳梗塞、右片麻痺	数年前脳梗塞発症し右片麻痺、構音障害あり。介護者（夫）と二人暮らし	夫以外の人と交流する機会を持ち、意欲の向上や話す機会を持つ必要がある
健康状態	くも膜下出血	くも膜下出血の後遺症で左上下肢不全麻痺、高次脳機能障害がある	自分のことや家事など、できることを少しずつ増やしていきたい
健康状態	廃用症候群	入院による廃用性の筋力・体力低下がある	体力、筋力を回復させるには継続したリハビリを要する
ADL		**ポイント** ①食事・寝返り・起き上がり・歩行・排泄・入浴・着替えなどの動作はどうでしょうか。 ②本人のしている動作とできる動作のギャップはありませんか？ ③できるのにしていない動作は何でしょう。 ④なぜしていないのでしょう。 ⑤何を改善すれば、その	
ADL	加齢	筋力、バランス力の低下に加え、動作が緩慢	転倒しないようにしたい

「居宅サービス計画書　第2表」部分

長期目標	短期目標	サービス内容	サービス種別
一人暮らしを継続する	ヘルパーによる生活全般の支援（買い物、清掃、調理）。安否確認ができる。体調不良時に訪問看護に連絡する	買い物、洗濯、清掃、配食サービス	訪問介護、福祉サービス
一人暮らしを継続する	腎ろうラパック周囲の皮膚管理を継続し再発を防ぐ。再発時に早期に対応する。ステントトラブル時や病状悪化時に早期に対応できる	①病状観察、ステント、腎ろうラパック交換、スキンケア　②病院看護師、主治医との連携	訪問看護
痛みのない生活を送る	痛みをとる薬、指の保護のための物品を確保する	皮膚科の受診と必要な物品の購入	家族、主治医
体力、栄養状態、筋力が向上する	体力の維持。食事がきちんととれる。杖を使って歩く	①食事管理、体重管理、個別機能訓練、筋力アップトレーニング　②服薬管理　③定期受診	通所リハビリテーション、家族
訪問看護師に体調や服薬について相談することで、安心して生活を継続する	きちんと服薬し、定期的に受診する。血糖コントロールできる	服薬管理、病状、日常生活の相談。医師への連絡	定期受診、訪問看護、ケアマネジャー
転倒を防ぐ	ベッドから安全に立ち上がる	介護ベッドレンタル	福祉用具貸与
メリハリのある生活が送れる	気分転換ができる	①他利用者やスタッフとの交流　②レクリエーション活動　③楽しみある作業療法、行事の参加	通所リハビリテーション
家族やヘルパーの援助で無理せず家事ができる	ヘルパーと一緒に調理の下ごしらえ、味付け、盛り付けができる。ヘルパー支援で環境整備や洗濯ができる。家族とともに買い物ができるようになる	①調理の下ごしらえと調理中の見守り、後片付け　②環境整備、洗濯の見守りと介助　③買い物に同行	訪問介護
規則正しい日常生活を続ける。通所リハビリテーションに毎日通う	転倒を防ぐ。杖をついてゆっくり歩く	①筋力アップトレーニング　②リハビリ用シューズの選定	通所リハビリテーション、福祉用具購入

動作ができるようになるのでしょうか。　⑥そのためには、どのようなプランが有効でしょうか。

長期目標	短期目標	サービス内容	サービス種別
転倒しやすい要因を見つけ、改善する	室内の環境を見直す	①階段、段差への手すりの設置　②浴室など滑りやすい場所への滑り止めマットの設置　③電気器具、コード類の変更　④部屋の照明、明るさの検討	住宅改修、家族

課題分析標準項目別文例集

*状態が同じものは一番上に一つだけ入っています

標準分析項目	原因	状態	ニーズ・課題
ADL	廃用症候群	起き上がり、立ち上がり、移乗に介助を要し、転倒の危険が高い	転倒の危険があり、リハビリをして筋力をつける必要がある
ADL	廃用症候群		筋力をつけて自分の力で立ち上がりたい
ADL	廃用症候群	病状悪化による入院で廃用性筋力低下がある	体力と筋力をつけて自力で立ち上がりたい
ADL	腰椎圧迫骨折	自立歩行するが下肢筋力低下によるふらつきがあり、転倒の危険が高い	下肢筋力低下により転倒の危険があり、リハビリをして筋力をつける必要がある
ADL	両下肢筋力低下、腰椎圧迫骨折	下肢筋力低下と腰痛があり、浴槽をまたぐときや立ち座りに介助を要する	風呂に入れてほしい
ADL	両下肢筋力低下、腰椎圧迫骨折		風呂に入りたい
ADL	骨粗しょう症	腰椎圧迫骨折があり、加重時や立ち座り時に痛みがある。硬性コルセットを装着している	安心して起き上がりたい
ADL	骨粗しょう症		安心して起き上がりたい
ADL	突発性正常圧水頭症	起き上がりや移動、移乗の介助が多くなり、介護負担が増えている	介助動作を習得し、介護負担を軽減する必要がある
ADL	突発性正常圧水頭症	VPシャント術行う。小刻み歩行・すくみ足と歩行障害あり。体が前傾して前方に倒れそうになるので、移動・移乗時見守りや介助を要する	筋力をつけてしっかり歩きたい。腰痛が良くなってほしい。体のこわばりやすくみ足を何とかしたい
ADL	脊柱管狭窄症	下肢の痺れや腰痛があり、長い距離は歩けない	下肢の痺れや腰痛がある。継続したリハビリを要する

「居宅サービス計画書 第2表」部分

長期目標	短期目標	サービス内容	サービス種別
筋力をつけて自分の力で立ち上がりたい	ベッド柵、手すりを利用して立ち上がる。手すりを使って安全に移乗する。車椅子を使って安全に移動する	①筋力アップトレーニング、個別機能訓練 ②移動・移乗動作の介助 ③手すり、車椅子のメンテナンス	通所リハビリテーション、福祉用具貸与、家族
転倒を防ぐ。筋力を維持する	ベッド柵、手すりを利用して立ち上がる。手すりを使って安全に移乗する。車椅子を使って安全に移動する	①筋力アップトレーニング、個別機能訓練 ②移動・移乗動作の介助 ③車椅子のレンタル ④手すり、車椅子のメンテナンス	通所リハビリテーション、福祉用具貸与
転倒を防ぐ。リハビリを継続し体力、筋力を回復する	安全に安楽に立ち上がる。家具や壁につかまり、介助してもらいながら、食堂、玄関まで歩く	①筋力アップ・拘縮予防トレーニング ②呼吸リハビリ ③福祉用具レンタル（介護ベッド、付属品）	通所リハビリテーション、福祉用具貸与、家族
筋力をつけてしっかり歩きたい。腰痛が改善する	下肢筋力、腰背部の筋力がアップして座位保持し、歩行が安定する	筋力アップトレーニング、個別機能訓練	通所リハビリテーション
安全に安楽に入浴できる	安心して入浴できる。皮膚の清潔が保持できる。全身の血行がよくなる。手すりを利用して安全に浴槽をまたぐことができる	①洗身・入湯・更衣時の声かけ、介助 ②簡易手すりの設置	福祉用具購入、訪問介護
自分のペースで入浴できる	安心して入浴できる。安全に浴槽をまたぐことができる	①入湯・更衣時の声かけ、介助 ②簡易手すりの設置	福祉用具貸与、訪問介護
骨粗しょう症の悪化を防ぐ。背、腰の安静が保持できる	安全に起き上がり、立ち上がる	①訪問リハビリテーションによるトレーニング ②福祉用具レンタル（介護ベッド、手すり、マットレス）	訪問リハビリテーション、福祉用具貸与
骨粗しょう症の悪化を防ぐ。背、腰の安静が保持できる	悪化予防のための治療を受ける	骨粗しょう症治療の定期注射、服薬	訪問看護、医療機関
起き上がりや移動、移乗など介助が多くなった。できるだけスムーズに介助ができるようにする	自宅での移動・移乗介助を容易にする。昇降座椅子を利用して安全に立ち上がる	①移動・移乗介助動作指導 ②福祉用具レンタル	訪問リハビリテーション、福祉用具貸与
身体能力、筋力を維持する	転倒を防ぐ。歩行器、車椅子を使って安全に移動する。移動・移乗時の介助。ベッドや椅子から安全に起き上がり、立ち上がる	①筋力アップ・拘縮予防トレーニング ②移動・移乗時の介助 ③福祉用具レンタル（介護ベッド、手すり、マットレス、歩行器、車椅子） ④手すりの設置（リビング、トイレ、玄関、玄関アプローチ）	家族、通所リハビリテーション、福祉用具貸与、住宅改修
筋力をつけてしっかり歩きたい。旅行にも行きたい	杖をついてゆっくり歩く。リハビリを続ける	リハビリで習った運動を毎朝10分ずつ行う	自分

課題分析標準項目別文例集

健康状態／ADL／IADL／認知／コミュニケーション能力／社会とのかかわり／排尿・排便／褥瘡・皮膚の問題／口腔衛生・口腔ケア／食事摂取／介護力／居住環境／特別な状況〈虐待〉／特別な状況〈ターミナルケア〉／特別な状況〈医療連携〉／特別な状況〈経済状況〉

課題分析標準項目別文例集

*状態が同じものは一番上に一つだけ入っています

標準分析項目	原因	状態	ニーズ・課題
ADL	脊柱管狭窄症	下肢の痺れや腰痛があり、長い距離は歩けない	下肢の痺れや腰痛がある。継続したリハビリを要する
ADL	パーキンソン病	機械浴レベルの身体状況で、入浴動作のすべてに介助を要する	一人での入浴が難しい。安心して入浴できるようにしたい
ADL	パーキンソン病	リハビリパンツの交換をしたいができない	介助によりリハビリパンツを交換することで、皮膚の清潔を保持する
ADL	パーキンソン病	関節拘縮・筋固縮が進行しており、リハビリを要する	関節拘縮や筋力のこわばりを和らげたい
ADL	パーキンソン病	パーキンソン病の通院加療中。病状は穏やかだが徐々に進行傾向にあり、内服薬でコントロール中。杖歩行レベル。体の動きが緩慢な時は車椅子使用。パーキンソン病特有の前屈姿勢で筋固縮、すくみ足、突進現象がある。移動、移乗は転倒の危険があり、介護者が見守っている。更衣、入浴、排泄は介助を要する	寝たきりにならないようにリハビリしたい
ADL	洞不全症候群	ペースメーカー挿入。体調が悪化し、入院。体力、筋力の低下がある。一人暮らし	入院による体力、筋力の低下がある。日常生活のリズムの確立と一人暮らし再開の意欲を取り戻す必要がある
ADL	心不全、糖尿病、変形性膝関節症	自宅では寝ている時間が長く、両下肢筋力低下と体力の低下傾向が見られる。また腰部脊柱管狭窄症・変形性膝関節症のために腰痛、加重時の膝の痛みがあり疲れやすい。歩行状態は不安定で転倒の危険が高い。労作時の息苦しさもあり、長い距離を歩くことは身体的に負担になる	筋力低下、膝の痛みがある。転倒の危険があり、リハビリをして筋力をつける必要がある
ADL	糖尿病	糖尿病だが食事療法が守れず、過食でHbA1Cが常に高値。感染しやすい。神経障害があり皮膚トラブルの併発を繰り返している	筋力低下、膝の痛みがある。転倒の危険があり、リハビリをして筋力をつける必要がある
ADL	脳梗塞	脳梗塞を発症し、右片麻痺、構音障害あり。屋外は車椅子を使用。自室からトイレまでは手引き歩行可能。デイケアでは歩行器と車椅子を併用している。移乗、移動、更衣、排泄、起き上がり、入浴など生活すべてで介助を要する	日常生活のすべてに介助を要するが、このまま自宅で生活を続けたいと希望している。現在の身体能力の維持を継続する必要がある

「居宅サービス計画書 第2表」部分

長期目標	短期目標	サービス内容	サービス種別
筋力をつけてしっかり歩きたい。旅行にも行きたい	杖をついてゆっくり歩く。リハビリを続ける	筋力アップトレーニング	通所リハビリテーション
安全に安楽に入浴できる	定期的に入浴できる。皮膚の清潔が保持できる。皮膚トラブル悪化を予防する（胃ろう周囲）	①入浴介助（洗身、更衣、リハビリパンツ交換、フットケア） ②水分補給 ③皮膚の観察	通所リハビリテーション、通所介護、訪問看護、家族
皮膚の清潔を保持し、皮膚トラブルを予防する	清潔なリハビリパンツを着用できる	①失禁の有無、残尿感の確認 ②リハビリパンツの交換、清拭	通所リハビリテーション、訪問介護
可動域制限の悪化を防ぐ。筋肉のこわばりが改善する	筋力低下、拘縮を予防する	個別機能訓練	通所リハビリテーション
転倒を防ぐ	杖を使って安全に移動する。筋力や体力を維持する。難しい時は車椅子を利用する	①日常生活動作訓練、筋力・体力維持訓練、関節可動域訓練、個別機能訓練など ②車椅子レンタル	通所リハビリテーション、家族、福祉用具貸与
病状の悪化を防ぐ。規則正しい日常生活を送る	通所リハビリテーションに休まず通所する。服薬、通院を守る	①健康チェック ②筋力アップトレーニング ③趣味活動 ④定期通院、服薬管理	通所リハビリテーション、医療機関
筋力をつけて歩行状態が安定する	転倒を防ぐ。移動、移乗が安全にできる	日常生活動作訓練、筋力・体力維持訓練、関節可動域訓練、個別機能訓練など	通所リハビリテーション
糖尿病へのフォローをする	食事制限、水分制限を守る	DM食提供、水分制限、低血糖時の対応	訪問看護、管理栄養士
在宅生活が継続できる	病状の悪化を防ぐ。転倒を防ぐ。身体能力を維持するためにリハビリを行う	①服薬管理、定期受診、病状管理 ②歩行練習、日常生活動作訓練、下肢筋力訓練 ②移動・移乗時の介助、見守り（送迎時、デイフロア内、浴室） ③福祉用具レンタル（介護ベッド、車椅子）	主治医、通所リハビリテーション、福祉用具貸与

課題分析標準項目別文例集

健康状態 ADL IADL 認知 コミュニケーション能力 社会とのかかわり 排尿・排便 褥瘡・皮膚の問題 口腔衛生・口腔ケア 食事摂取 介護力 居住環境 〈特別な状況 虐待〉 〈特別な状況 ターミナルケア〉 〈特別な状況 医療連携〉 〈特別な状況 経済状況〉

課題分析標準項目別文例集

*状態が同じものは一番上に一つだけ入っています

標準分析項目	原因	状態	ニーズ・課題
ADL	脳梗塞後遺症	これまではできた庭の手入れなどができない。今年の夏は特に暑そうで、暑さ対策もできない	日差しが強く、室内が高温になりつらい。涼しい部屋で快適に暮らしたい
ADL	脳梗塞後遺症	左足に麻痺があり、引きずってしまう。歩行時不安がある	廊下から部屋に入る時いつもつまずいてしまうのを何とかしたい
ADL	脳梗塞後遺症		玄関の上がりかまちの40センチがつらい。一人で上り下りができるようにしたい
ADL	脳梗塞後遺症		バスボードから浴槽に入れず、洗い場で転倒したことがあり、不安。すぐに助けが呼べるようにしたい
ADL	脳梗塞後遺症	介護者(娘)の不在時の不安が募っている	介護者(娘)が受診する間、一人で留守番をすることに不安がある
ADL	脳梗塞後遺症	日中独居となる。転倒等への不安を感じている	介護者(娘)が受診する間、一人で留守番をすることに不安がある
ADL	脳梗塞後遺症	介護疲労が蓄積しており、介護者への支援が必要	介護者(娘)も高血圧で受診の必要がある
ADL	脳梗塞後遺症	予後の経過が順調。意欲が出てきている	春になってきたので少し外に出ておいしい空気が吸いたい
ADL	脳梗塞後遺症		囲碁会館まで行って囲碁をうつ

IADL

ポイント 手段的日常生活動作の略です。ADL（日常生活動作）では把握が困難な、人の暮らしをつくりあげる、より高次元の生活水準を測定する際に使用されます。例えば、歩行するというADLに対して、IADL項目としては、買い物、散歩、友人との外出、子どもとの外

IADL	脳梗塞後遺症	重いごみが出せない。ごみの日が覚えられない	新聞を資源ごみの日にきちんと出したい
IADL	脳梗塞後遺症	両手に痺れがあり、庭の作業ができない	植木の剪定をしてくれる人がほしい

「居宅サービス計画書　第2表」部分

長期目標	短期目標	サービス内容	サービス種別
脱水症状の予防	定期的な水分の確保	朝ポットに麦茶を2リットルつくる	家族、自分
転倒防止のための対応を考える	1.5センチの段差を解消する	室内と廊下の間の段差の解消	住宅改修
一人で外出できるように上がりかまちの段差を低くする	福祉用具を活用し、上り下りの際の膝の負担を減らす	10センチの階段を4段つけ、また手すりを設置し、階段式に玄関に入れるようにする	住宅改修
何かあった時にすぐに人を呼べるようなシステムを考える	福祉用具の活用や、入浴時の見守り方法を検討する	緊急アラームの設置。できるだけ家族がいる時間に入浴する	福祉用具購入
何かあった時にすぐにSOSが発信できるようなシステムを考える	娘がいなくても安心できるような体制をとる	緊急アラームの設置	福祉用具購入
娘の不在時には、リハビリを兼ねて通所介護を利用する	娘がいなくても安心できるような体制をとる	通所介護の利用	通所介護
介護者（娘）の健康管理	定期的な受診	娘さん自身、定期的に受診、服薬ができるようにする	家族、ケアマネジャー
外出の機会を増やし、意欲が向上する	まず1日3時間座位をとり、体力、筋力をつける	日中座位をとって外の空気を吸える時間をつくる	本人、家族
囲碁会館まで行って囲碁をする体力をつける	離床時間を増やし、座位の時間を増やす	生活スタイルを見直し、起きる時間をつくる	自分

遊びなどが浮かんでくるでしょう。

長期目標	短期目標	サービス内容	サービス種別
ごみ出しのルールを守れるようにする	月曜日の資源ごみの日に新聞が出せるようにする	前日に玄関先までごみを出しておき、出し忘れを防ぐ	近隣のAさんの協力
地域の中で植木の剪定作業のできる人と知り合いになる	植木の剪定作業をしてくれる人を探す	植木の剪定	シルバー人材センターのBさん

課題分析標準項目別文例集

*状態が同じものは一番上に一つだけ入っています

標準分析項目	原因	状態	ニーズ・課題
IADL	脳梗塞後遺症	布団干しができない	晴れた日は布団を干して気持ちよく暮らしたい
IADL	脳梗塞後遺症	食事をつくれない	栄養バランスのとれた食事をとる
IADL	脳梗塞後遺症	冷蔵庫を開け閉めすることが難しい	冷蔵庫の開閉ができるようになりたい
IADL	脳梗塞後遺症	買い物ができない	買い物に行きたい
IADL	脳梗塞後遺症	手紙などの文書を書くことができない	手紙を書きたい
IADL	脳梗塞後遺症	込み入った文章を読むことができない	文章を読み、正確に理解したい
IADL	脳梗塞後遺症	今まではできた庭の手入れなどができない。今年の夏は特に暑そうで、暑さ対策もできない	日差しが強く、室内が高温になり、つらい。涼しい部屋で快適に暮らしたい
IADL	脊柱管狭窄症		日差しが強く、室内が高温になり、つらい。涼しい部屋で快適に暮らしたい
IADL	脊柱管狭窄症	高い所の作業ができない	電球の取り換え作業を手伝ってくれる人がほしい
IADL	脊柱管狭窄症	重い物が持てない	家具の配置を変更する作業を手伝ってくれる人がほしい
IADL	脊柱管狭窄症		布団干しを手伝ってくれる人がほしい
IADL	脊柱管狭窄症	積雪時の雪かきなどの作業ができない	雪かきを手伝ってくれる人がほしい

「居宅サービス計画書 第2表」部分

長期目標	短期目標	サービス内容	サービス種別
これまでしてきた暮らしを今後も継続していく	布団干しを手伝ってもらう	布団干し(晴れた日)	同居の孫
様々な方法で栄養バランスを確保し、おいしい食事をとる	食事サービスの利用、外食、できる範囲での調理	日を決めて、何通りかの食の確保を考える	食事サービス、外食、自分
冷蔵庫を活用し、生活を便利にする	冷蔵庫の扉を改良し、自分でも開けられるようにする	冷蔵庫に特殊なボタンを設置し、自分でも開閉ができるようにする	工学部に通う孫
自分の好きな物を選び、買い物する	身近な店から出かけてみる	自宅から徒歩3分圏内のお店での買い物	自分
知人に手紙を書く	まずは絵手紙から始めてみる	絵手紙教室に通う	自分
以前のように文章を読み、それを理解できるようにしたい	毎日、新聞を読んでみる	新聞契約	自分
快適な室温を確保した部屋づくり	グリーンカーテン、すだれなどを準備する	グリーンカーテンづくり、すだれの購入	地域のちょこっとサービスの活用
室温を一定に保つための工夫	エアコンの掃除	エアコンのクリーニング	エアコンクリーニングサービスの活用
地域の中にちょっとした作業を手伝ってくれる知り合いをつくる	定期的に電球の取り換え作業を手伝ってくれる人を探す	電球の取り換え作業(今春一斉にLEDに替える)	地域のちょこっとサービスの活用
地域の中にちょっとした作業を手伝ってくれる知り合いをつくる	家具の配置変更を手伝ってくれる人を探す	家具の配置変更作業(桐の箪笥2竿)	地域のちょこっとサービスの活用
地域の中にちょっとした作業を手伝ってくれる知り合いをつくる	布団干しを手伝ってくれる人を探す	布団干し(晴れた日)	近所のAさんに頼んでみる
地域の中にちょっとした作業を手伝ってくれる知り合いをつくる	雪かき作業を手伝ってくれる人を探す	隣組の班長さんに自分が雪かき(冬季随時)できないことを説明し、誰かに手伝ってもらえるように頼む	隣組の班長さん

課題分析標準項目別文例集

＊状態が同じものは一番上に一つだけ入っています

標準分析項目	原因	状態	ニーズ・課題
IADL	脊柱管狭窄症	布団の上げ下げができない	毎日布団を上げ下げして清潔に暮らしたい
IADL	腰痛	部屋の掃除ができない	1日1回は居室を掃いて清めたい
IADL	腰痛	トイレ掃除、風呂掃除ができない	水回りの掃除をきちんとしたい
IADL	腰痛	洗濯物を干す動作が難しい	洗濯物を自分で干したい
認知	**ポイント** ①介護者の負担は軽減できていますか？　②介護者は周辺症状についての意味を理解していますか？　③日常生活動作の障害についてはどうですか？　④介護者、ケアスタッフの中に人格を尊重したかかわりが考えられていますか？　⑤ケアプラン全体で、相手		
認知	初期認知症	何となく物忘れが増えている	認知症を予防したい
認知	初期認知症		認知症を予防したい
認知	初期認知症		認知症を予防したい
認知	アルツハイマー型認知症	これまではできた家事ができなくなってしまった。すぐに忘れてしまう。1日に何度も冷蔵庫を開ける	中核症状の進行を緩やかにする
認知	アルツハイマー型認知症		いつも同じメニューばかり食べている
認知	アルツハイマー型認知症		中核症状の進行を緩やかにするため、適切な運動を行う
認知	アルツハイマー型認知症		穏やかに毎日を過ごす

「居宅サービス計画書 第2表」部分

長期目標	短期目標	サービス内容	サービス種別
生活のリズムをつくる。万年床を解消する	布団の上げ下げを手伝ってもらう	布団の上げ下げ	同居の孫
ほこりのない部屋で暮らす	居室の掃除をする	ほうきで掃く（自分）。週1回、他者に掃除機をかけてもらう	自分、訪問介護
気持ちのよい生活環境を整える	水回りの掃除をする	左手は動くので、こまめに自分で掃除をする	自分
これまでの暮らしを継続する	洗濯物を干す、または乾燥機を活用する	大きな物は物干しに干し、小さな物は乾燥機を使って乾かす	自分、訪問介護

に合わせるという姿勢はできていますか？　⑥徘徊、落ち着かないなどの症状が出ていませんか？　⑦昼夜逆転、不眠など起きていませんか？　⑧排尿・排便の失敗がないように配慮されていますか？　⑨長期介護を想定した支援ができていますか？　⑩施設サービスの利用など、レスパイトの視点は生かされていますか？

長期目標	短期目標	サービス内容	サービス種別
栄養の偏りをなくして、できるだけ認知症を予防する	栄養バランスの良い食事をとる	食事サービスの利用	福祉サービス
毎日の運動を習慣化して、できるだけ認知症を予防する	適度に運動する	毎日のウォーキング	自分
他者との交流を行い、できるだけ認知症を予防する	人とのふれあい、趣味を持つ	カルチャーセンターへ行く	自分
良い状態が少しでも長く維持できるようにする	本人に合った薬の処方	医師による診断、処方、服薬管理	主治医、家族
栄養バランスの良い食事をとる	魚、野菜、果物などをバランス良くとるようにする。	できれば自分で調理をする。塩分は控えめに、お酒はほどほどに	訪問介護、家族
良い状態が少しでも長く維持できるようにする	適度な運動を行う	ウォーキング程度の軽い運動を毎日行う	家族
良い状態が少しでも長く維持できるようにする	人とふれ合う趣味を持つ	人とのコミュニケーションをとるようにする	地域の会合、祭りの実行委員会

課題分析標準項目別文例集

*状態が同じものは一番上に一つだけ入っています

標準分析項目	原因	状態	ニーズ・課題
認知	アルツハイマー型認知症	顕著な記憶障害と警戒心が強く、介入拒否が続いた。毎日近所の医院で朝から夕方まで過ごす。通所介護の利用を開始する	物忘れもあって不安もあるが、一人暮らしを続けたい
認知	アルツハイマー型認知症	10年前アルツハイマー病と診断される。徘徊傾向で病状は穏やかに進行する。風邪薬の服薬をきっかけに妄想や幻覚が出現するため、妻は漢方薬を飲ませて予防している	これ以上物忘れがひどくならないようにしたい（これからも家で生活したい）
認知	アルツハイマー型認知症	数年前、アルツハイマー型認知症と診断される。記銘力低下は著明で日常生活のすべての面で介助を要する	介護者（妻）は、せっかく病気が良くなったのでこれからも介護を続けたいと思っている
認知	アルツハイマー型認知症	数年前、アルツハイマー型認知症と診断される。体力もなく通所リハビリテーション時は唯一本人が摂取する食パンとジャム、ココアを持参し、何とか食事摂取をするよう対応してもらう。現在は改善傾向で食事摂取量も増え、体重も増加している	家族は本人の意向を尊重して在宅での生活を支えたい
認知	アルツハイマー型認知症	アリセプトを服用中。暴言、妄想があり入院。現在は落ち着いている	認知症のために更衣、服薬、排泄、日課の遂行に介助を要する
認知	アルツハイマー型認知症		おしゃべり等しながら楽しく過ごしたい
認知	アルツハイマー型認知症	高血圧のため短期記憶障害があり、一度に1週間分の薬を飲んでしまう	服薬管理を要する
認知	アルツハイマー型認知症	変形性膝関節症で膝痛がある。排便のコントロールに神経質になっているが、内部疾患はない	一人暮らしが困難となり、有料老人ホームに入居。ヘルパーの支援で日常生活を維持している
認知	若年性認知症	認知症の進行は顕著にあり、記憶障害による不安感が強く、感情が不安定で手がつけられない時がある。IADLは低下し、本人の不安状態が著しい	頭の中がもやもやとする。どうしていいのかわからない。これからも家族と過ごしたいと思っている
認知	認知症	認知症の進行は顕著にあり、記憶障害による不安感が強く、感情が不安定。アルコールを多量に摂取する	自分の家で気ままに過ごしたい

「居宅サービス計画書 第2表」部分

長期目標	短期目標	サービス内容	サービス種別
物忘れの悪化を防ぐ	通所介護に慣れ、穏やかに過ごす時間を共有する。気分転換ができる	①他利用者やスタッフとの交流、オルゴール療法、タクティールケア、フットケア、入浴、食卓をともに囲み語らう ②病状管理、服薬指導	通所介護
認知症状の進行を防ぐ	規則正しい毎日を送る。意欲の低下を防ぐ。介護負担の軽減ができる	①認知症予防トレーニング、個別機能訓練 ②服薬管理、定期受診 ③短期入所生活介護(食事、入浴等の生活介護)	通所リハビリテーション、短期入所生活介護
できるだけ本人のADLを維持し、在宅介護が継続できる	体力、意欲を低下させない。介護負担の軽減ができる	レクリエーション活動や頭の体操	通所リハビリテーション
本人の好みを理解し、できる限り意欲的に暮らせるよう環境を整える	体力、意欲を低下させない。介護負担の軽減ができる。本人の意思に沿う通所リハビリテーションを探す	①レクリエーション活動や頭の体操 ②介護者が休める時間をつくる ③本人が好きな物を持参できる通所リハビリテーションへの参加	通所リハビリテーション
有料老人ホームでの生活が継続できる	精神症状の悪化を防ぐ	レクリエーション・クラブ活動、行事の参加、日常生活の支援	有料老人ホーム(介護付)
穏やかなメリハリのある毎日を送る	気分転換ができる場所を確保する	他利用者との交流や会話、レクリエーション活動、行事の参加	通所介護
高血圧の症状が安定する	処方どおりに服薬が継続できる	①処方薬を分包し、1日分ずつセットする ②定期受診、服薬の確認	薬局、訪問看護
有料老人ホームでの生活が継続できる	認知症状の進行を防ぐ	①更衣の確認、声かけ ②服薬管理 ③洗濯、自室の環境整備 ④健康チェック、定期受診	有料老人ホーム
意欲の低下を防ぎ、楽しみのある日常を過ごす	規則正しい毎日を継続する。介護負担が軽減できる。不安状態が軽減される	①回想法を取り入れた脳トレーニング ②レクリエーション活動 ③服薬管理、定期受診 ④主治医との連携	通所介護、医療機関
日常生活のリズムが維持される。物忘れが進行しない	気分転換ができる。服薬を守る。飲酒しない	レクリエーション活動、脳トレーニング、他利用者やスタッフとの交流	通所リハビリテーション

課題分析標準項目別文例集

*状態が同じものは一番上に一つだけ入っています

標準分析項目	原因	状態	ニーズ・課題
認知	認知症	食事以外は寝たきりで介護者以外との交流はなく、意欲も低下し、物忘れは緩やかに進行している	意欲の低下は顕著で衣服の乱れや失禁もある。感情の起伏が激しく、介護者は言動に振り回されている。日常のリズムを取り戻すことと介護負担の軽減を要する
認知	認知症	家族以外との交流がなく、認知症状も進行傾向にある	日常のリズムを崩したくない。定期的に自宅から出て気分転換することで物忘れの進行を予防する
認知	認知症	認知症のために日常生活のリズムが崩れている	日常生活のリズムをつくることで認知症の進行を予防する
認知	認知症	短期記憶障害があり、5分前のことも忘れている。同じ物をたくさん買い込んだり、夫の薬を一度に大量に飲んだりする	日中認知症の夫と二人でおり、家族は心配している。日常生活に見守りを要する
認知	認知症	認知症による意欲の低下があり、閉じこもり状態で下肢の浮腫や暴言等がある。薬を飲まず、失禁、入浴拒否がある	服薬、清潔の保持ができる
認知	認知症	記憶障害が顕著にあり、家事や金銭、服薬管理ができない。本人は認知症の夫の介護も家事も完璧に行っていると言うが、実際はいつ炊いたのかわからないご飯を食べていたり、近所の人が食事を運んでいる。急性胃腸障害と脱水で入院を何度もしている。近所からも苦情が寄せられている	日常生活の見守りや家事援助、栄養管理を要する。夫婦たっての望みの二人暮らしで、地域や息子、娘の協力で在宅生活を継続する
認知	認知症		日常生活の見守りや家事援助、栄養管理を要する。夫婦たっての望みの二人暮らしで、地域や息子、娘の協力で在宅生活を継続する
認知	認知症		日常生活の見守りや家事援助、栄養管理を要する。夫婦たっての望みの二人暮らしで、地域や息子、娘の協力で在宅生活を継続する
認知	認知症	肺炎のための入院により認知症状の進行、筋力、体力の低下がある。更衣・トイレ・入浴等介助を要する。家族は高齢でもあり無理なく過ごさせたいと希望される	入浴や更衣・失禁時の対応は今後も家族で行う意向であり、起き上がりや立ち上がりを安全に行い、介護負担を軽減するために福祉用具が必要

「居宅サービス計画書 第2表」部分

長期目標	短期目標	サービス内容	サービス種別
意欲の低下を防ぐ。介護負担の軽減ができる	通所リハビリテーションで楽しみのある時間を過ごす	レクリエーション活動、脳トレーニング、他利用者やスタッフとの交流	通所リハビリテーション
楽しみながらリハビリを行い、物忘れの進行を防ぐ	様々な活動に参加して気分転換ができる	レクリエーション活動、脳トレーニング、他利用者やスタッフとの交流	通所リハビリテーション
通所介護に通って会話やお出かけなど皆と一緒に楽しむ	気の合う仲間をつくり、楽しい時間を過ごす	レクリエーション活動や行事の参加、他利用者やスタッフとの交流	通所介護
日常生活のリズムが整う	日常生活のリズムがつき、気分転換や物忘れの進行を防止する。誤飲を防止する	脳トレを兼ねたレクリエーション活動や他利用者との交流、見守られた環境で過ごす	通所介護
日常生活のリズムを整えるために必要な支援を確保できる	日常生活のリズムに必要な介護、支援が確保される。きちんと服薬する	①脳トレを兼ねたレクリエーション活動や他利用者との交流　②服薬管理、入浴介助	通所介護、訪問看護
夫婦で現在の生活を継続する	通所介護を通して日常生活の見守りがなされる	①脳トレを兼ねたレクリエーション活動や他利用者との交流　②通所介護での健康チェック	通所介護
夫婦で現在の生活を継続する	近医の通院、往診が確保される	定期通院、服薬整理	家庭医
夫婦で現在の生活を継続する	息子による金銭管理、家族の支え、配食サービスの利用で精神状態、栄養状態が改善される	①配食サービス、息子の金銭管理、娘の毎朝の電話による精神的支え　②安否確認、ケアマネジャーの不定期訪問による生活状況の確認、デイサービスでの健康チェック	福祉サービス、家族、ケアマネジャー、通所介護
寝たり起きたりゆったり過ごす	肺炎の再発を防ぐ。ベッドから安全に立ち上がる	①介護ベッドレンタル　②健康管理、口腔ケア	福祉用具貸与、訪問看護

課題分析標準項目別文例集

健康状態　ADL　IADL　認知　コミュニケーション能力　社会とのかかわり　排尿・排便　褥瘡・皮膚の問題　口腔衛生・口腔ケア　食事摂取　介護力　居住環境　〈特別な状況（虐待）〉　〈特別な状況（ターミナルケア）〉　〈特別な状況（医療連携）〉　〈特別な状況（経済状況）〉

課題分析標準項目別文例集

*状態が同じものは一番上に一つだけ入っています

標準分析項目	原因	状態	ニーズ・課題
認知	認知症	認知症による周辺症状が顕著にあり、約2カ月入院し、内服調整する。現在症状は落ち着いている。更衣・排泄・服薬・食事・入浴・不穏時の対応など細やかな対応と介助をスタッフが行っている	更衣・排泄・服薬・食事・入浴・不穏時の対応など細やかな対応と介助を要する
認知	認知症	記憶障害があり、1年前のことを昨日のことと混同する。身なりも乱れるようになる。服薬管理、金銭管理ができない。意欲の低下もあり、ぼんやり過ごすことが多い	風邪気味と言って1カ月以上入浴しておらず、身体清潔に関して介助を要する
認知	認知症	一人で暮らすことに不安がある	通所リハビリテーションにこれからも通いたい
認知	認知症	高齢の夫と二人暮らし。骨粗しょう症のため通院加療中。数年前に転倒し右大腿骨転子部骨折。この5年間転倒は繰り返しているが大事には至っていない。認知症は進行傾向で日常の様々な面で介護や声かけを要する。危険回避についての判断ができない	更衣、排泄、日課の遂行に介助を要する
認知	認知症	交通事故による脳外傷、硬膜下血腫、高次脳機能障害	日常生活のすべてにおいて介助や声かけや見守りを要する
認知	認知症	左大腿骨転子部骨折、右大腿骨頚部骨折の既往がある。リハビリと認知症進行予防目的で通所リハビリテーションに通っている	認知症進行予防のための脳トレや家族以外の人とのかかわりが必要
認知	認知症	シェーグレン症候群、原発性胆汁性肝硬変で通院を継続している	認知症進行予防のための脳トレや家族以外の人とのかかわりが必要
認知	認知症	一人暮らしなので、この先のことに不安がある。誰かに今後のことを託しておきたい	身辺整理について相談したいと考えている。相談機関等の情報が必要
認知	認知症	一人で入浴することができずらい。誰かに促してもらいながらお風呂に入りたい	安心してお風呂に入りたい
認知	認知症	買い物時に次の動作が思い出せないことがときどきある。そんな時、声かけしてほしい	不安なく買い物ができるようにしたい

「居宅サービス計画書 第2表」部分

長期目標	短期目標	サービス内容	サービス種別
各日常生活動作において、必要なケアを継続する	声かけ、一部介助などを行いながら、本人の暮らしが成り立つようにする	①更衣の確認、声かけ ②服薬管理 ③排泄時誘導、見守り、食事準備、食事介助、入浴の声かけ、誘導	訪問介護
定期的に入浴する	安全に定期的に清潔の保持ができる	①入浴の声かけ、誘導、洗身の介助 ②衣服着脱時の声かけと見守り、水分補給	通所介護または訪問介護
通所リハビリテーションに通いながら在宅生活が継続できる	認知症状、精神症状の悪化を防ぐ	レクリエーション活動や行事の参加	重度認知症対応通所リハビリテーション
穏やかに楽しみのある時間を過ごす。転倒を防ぐ	気分転換をしながら、他者の見守りのある中で過ごす	①通所介護利用者、職員との交流 ②レクリエーション活動や行事の参加 ③定期受診、服薬の管理	通所介護、家族
病を抱えながらも、前向きに暮らす	意欲の低下を防ぎ、気分転換ができる。適切なケアを確保する	①他者との交流 ②レクリエーション活動への参加	通所介護
意欲の低下を防ぐ	気分転換しながら、できる活動を行っていく	他利用者やスタッフとの交流	通所リハビリテーション
疾患への経過観察が行われる	適切に受診ができる	家族付き添いによる受診	家族
自分で判断がつかなくなった時のために、将来のことを整えておきたい	利用できる制度、サービスについて知る	地域包括支援センターによる訪問。成年後見制度の説明を聞く	地域包括支援センター
定期的に入浴し、清潔を保ち、感染症を防ぐ	他者による促し、見守りにより、安全に入浴が行える	入浴の声かけ、見守り、一部介助	訪問介護
適切な声かけを受けながら買い物に行けるようにする	混乱していることがわかったら、さりげなくサポートしてもらう	スーパーまでの道順、スーパーでの買い物方法、会計の仕方など随時サポートを得る	訪問介護、買い物ボランティア

課題分析標準項目別文例集 / 健康状態 / ADL / IADL / 認知 / コミュニケーション能力 / 社会とのかかわり / 排尿・排便 / 褥瘡・皮膚の問題 / 口腔衛生・口腔ケア / 食事摂取 / 介護力 / 居住環境 / 〈特別な状況 虐待〉 / 〈特別な状況 ターミナルケア〉 / 〈特別な状況 医療連携〉 / 〈特別な状況 経済状況〉

課題分析標準項目別文例集

＊状態が同じものは一番上に一つだけ入っています

標準分析項目	原因	状態	ニーズ・課題
認知	認知症	少し前のことをすぐに忘れてしまう。直前の記憶がなくても不安を感じないようにしたい	不安を感じないような環境をつくりたい
認知	認知症	時間の経過がうまくつかめず、さて、今何時なのかとすぐに考え込んでしまう	今何時なのかわからなくなってしまうのが不安
認知	認知症	洋服を着る時、今の季節がわからず、長そでにすべきかわからなくなってしまうなど、季節感をうまく出せない	今の季節が感じられるようになりたい
認知	認知症	人との会話がうまく成り立たない。何とか普通に話したい	会話を楽しむサポートが必要
認知	認知症	同じ物ばかり買ってしまう。冷蔵庫ににんじんが20本あるのにさらに5本買ってきてしまった	以前のように普通に買い物がしたい
認知	認知症	認知症による意欲の低下があり、寝たきりで過ごしている	気持ちが落ち込むこともあるので、日常のリズムに変化を持たせる必要がある
認知	認知症	不安神経症。怒りっぽく、妻に対して暴力をふるっている	妻に暴力をふるうため、日常生活のリズムづくりや気分転換、内服調整を要する
認知	認知症		妻に暴力をふるうため、日常生活のリズムづくりや気分転換、内服調整を要する
認知	認知症	入浴の着替えを用意することができない	通所介護に必要な衣服、下着、内服薬の準備に介助を要する
認知	認知症 ＊排尿・排便にもあり	認知症のため失禁がある。便で下着が汚れていても気がつかない	排泄の声かけが必要
認知	認知症 ＊排尿・排便にもあり		排泄の声かけが必要
認知	認知症、糖尿病	日に何度もコンビニに行き、甘い物を大量に購入して食べるため血糖コントロールができない	食事管理と間食予防のための見守りや介助を要する

「居宅サービス計画書 第2表」部分

長期目標	短期目標	サービス内容	サービス種別
自宅の中でゆったりと1日を過ごしたい。不安を感じないようにしたい	適切な見守り、声かけを受けながら過ごす	声のかけ方に注意してもらう。1大きな声を出さない 2同じ目線で 3低い声で 4短い言葉を使う 5ゆっくり話してもらう	有償ボランティア、地域のボランティア、家族
1日の時間の流れがわかるようにする	音、光、声のトーンで時間が理解できるようにする	朝はカーテンを開けて、日の光を浴びる、昼は元気な音楽をかける、夜はゆったりとしたジャズをかけて照明を落とす	有償ボランティア、家族
季節の移り変わりに気づけるようにする	環境の変化、装いなどで季節の流れを理解できるようにする	季節に合った飾りを用意する。また、季節感を感じやすい服装をする	家族
本人が混乱しないように、会話をサポートする	急がせず、シンプルな会話を行う	会話が止まってしまったら、会話の終りの言葉をもう一度繰り返すなど、さりげない支援を行う	家族、サービス担当者すべて
買い物時、その買い物をする理由をその都度確認する	「今日のメニューは○○でしたよね」など、必要なものを考えることができるようにサポートする	買い物時のコミュニケーション支援	訪問介護、有償ボランティア
通所リハビリテーションを利用して気持ちが落ち着くようにする	気分転換ができる	レクリエーション・趣味活動、他利用者やスタッフとの交流	通所リハビリテーション
穏やかに、苛立ちが少なく過ごす（暴力をふるわない）	不安や心悸症状が軽減する。	①レクリエーション活動や脳トレーニング ②定期受診	通所リハビリテーション、家族、地域包括支援センター
穏やかに、苛立ちが少なく過ごす（暴力をふるわない）	介護負担の軽減ができる	短期入所生活介護	短期入所生活介護
ヘルパー支援で通所介護に必要な物を用意することができる	通所介護に必要な物を持参することができる	通所介護の用意（衣服、下着、タオル、内服薬、連絡帳）、送迎時に荷物確認	訪問介護、通所介護
適宜声かけして気持ち良く排泄できる環境を整える	排泄の声かけをする	本人の様子に注意し、さりげない声かけ、尿とりパッド・紙パンツ交換	訪問介護、通所介護
適宜声かけして気持ち良く排泄できる環境を整える	失敗している時には、清拭、尿とりパッド・紙パンツ・下着交換をする	排泄の声かけ、清拭、尿とりパッド・紙パンツ・下着・衣服交換、洗濯	訪問介護
血糖値が安定する	食事療法を守る。インスリン注射を継続。甘い物の購入を控える	①インスリン注射 ②服薬管理、定期受診 ③買い物への対応	通所介護、家族、コンビニ店

課題分析標準項目別文例集

健康状態 ADL IADL 認知 コミュニケーション能力 社会とのかかわり 排尿・排便 褥瘡・皮膚の問題 口腔衛生・口腔ケア 食事摂取 介護力 居住環境 特別な状況〈虐待〉 特別な状況〈ターミナルケア〉 特別な状況〈医療連携〉 特別な状況〈経済状況〉

課題分析標準項目別文例集

＊状態が同じものは一番上に一つだけ入っています

標準分析項目	原因	状態	ニーズ・課題
認知	ADL低下	廃用症候群から意欲低下の状態	一人では外出できないが、気分転換もしたい
コミュニケーション能力	**ポイント** ①元気な時、どのような話をされていた人なのでしょうか。 ②今、誰とどのような会話が成り立っていますか？ ③どのような領域に興味がありますか？ ④どのような方法であれば、コミュニケーションが可能になりますか？ ⑤そのために、解決しなけれ		
コミュニケーション能力	失語症	失語症で言葉が出にくい	失語症だが、自分の気持ちを相手にきちんと伝えたい
コミュニケーション能力	認知症	漠然と質問されると答えられないが、どちらがいいですか、という言い方なら選べる	質問される時には、○と△でどちらがいいですか、と聞かれたい
コミュニケーション能力	難聴	難聴のため聞こえづらいが、筆談なら可能	物事をやり取りする際には、必ずわかりやすい文章を用意してほしい
コミュニケーション能力	難聴	他者の言葉が聞き取りにくい	他者からの問いかけを正確に聞き取りたい
コミュニケーション能力	脳血管障害	会話の速さに理解が追いつかない	高次聴覚中枢における情報処理能力の低下がある
コミュニケーション能力	脳血管障害	会話の識別力の低下あり	高い声・音が聞き取りにくい
社会とのかかわり	**ポイント** ①これまでどのような生活をされてきたのでしょう。 ②他者とのかかわりはどんなことが好きですか？ ③どこか出かけたいところはありますか？ ④どのようなことに興味がありますか？ ⑤趣味は？ ⑥楽しい時間の過ごし方は？		
社会とのかかわり	パーキンソン病	薬が切れると、全身が動かなくなってしまう	動けないが楽しみを持ちたい
社会とのかかわり	パーキンソン病	すり足	八幡様の秋祭りに出かけたい
社会とのかかわり	パーキンソン病		八幡様の秋祭りに出かけたい

「居宅サービス計画書 第2表」部分

長期目標	短期目標	サービス内容	サービス種別
楽しみや張りのある生活を送る	通所リハビリテーションに慣れる	レクリエーション活動、他利用者との交流、行事の参加	通所リハビリテーション

ばいけない問題はなんでしょうか。

長期目標	短期目標	サービス内容	サービス種別
自分にできるコミュニケーションの方法を知り、それを行っていく	本人の状況の評価をしつつリハビリを実施していく	評価とリハビリ、その後の自己学習	通所リハビリテーション、自分
できるだけ自分で選択できるようにしたい	一つ一つの問いかけに工夫をしてもらいたい	サービス提供関係者の声かけに注意してもらう	関係者すべて
自分で理解できるような情報提供をしてもらう	一つ一つの事柄に対して、必要な資料を揃えてもらう	情報提供時の工夫	関係者すべて
聞こえづらいことを他者にわかってもらう	正確に一音一音意識して話してもらう	通所介護利用時のコミュニケーション上の注意	通所介護スタッフ
他者との会話を理解できるようにする	ゆっくり話し、人にもゆっくり話してもらうようにする	聞き逃し、聞き間違いの予防、確認	通所介護スタッフ
他者との会話を理解できるようにする	低い声でゆっくり話してもらうようにする	聞き逃し、聞き間違いの予防、確認	関係者

長期目標	短期目標	サービス内容	サービス種別
全介助であっても家族以外の人と交流することで意欲の低下を防ぐ	気分転換ができる	レクリエーション活動を楽しむ	通所リハビリテーションまたは通所介護
車椅子で八幡様の秋祭りに出かけてみる	座位の時間を3時間はとれるようにする。来年は昔のようにお囃子の太鼓をたたけるように練習する	リハビリ	通所リハビリテーション
車椅子で八幡様の秋祭りに出かけてみる	当日車椅子を介助してくれる人を探す	車椅子の介助	D大学ボランティア

課題分析標準項目別文例集

健康状態 / ADL / IADL / 認知 / コミュニケーション能力 / 社会とのかかわり / 排尿・排便 / 褥瘡・皮膚の問題 / 口腔衛生・口腔ケア / 食事摂取 / 介護力 / 居住環境 / 〈特別な状況〉虐待 / 〈特別な状況〉ターミナルケア / 〈特別な状況〉医療連携 / 〈特別な状況〉経済状況

課題分析標準項目別文例集

*状態が同じものは一番上に一つだけ入っています

標準分析項目	原因	状態	ニーズ・課題
社会とのかかわり	認知症	認知症のために日常生活のリズムが崩れている	認知症予防のために生活リズムを整えたい
社会とのかかわり	軽度認知症	人に促されないと思い出すことができない	パターゴルフを続けたい
社会とのかかわり	脳梗塞後遺症	左麻痺	子供とかかわりたい
社会とのかかわり	脳梗塞後遺症	左足にやや麻痺あり	趣味の園芸を本格的にやりたい
社会とのかかわり	脳梗塞後遺症	寝たり起きたりで張りのない生活を繰り返している	生活の中に何かしら張りようなものを見つけたい
社会とのかかわり	脳梗塞後遺症	退院後ぼうっとした生活をしている	自分らしいパリッとした生活に戻りたいがきっかけをつかめない
社会とのかかわり	ADL低下	廃用症候群から意欲低下の状態	一人では外出できないが、気分転換もしたい
社会とのかかわり	廃用症候群、閉じこもり	体力の低下に伴い気持ちの張りが薄れている状態	通所リハビリテーションや通所介護に通って、会話やレクリエーション等皆と一緒に楽しみたい
社会とのかかわり	肺がん	リンパに転移している。抗がん剤が効いているようで、最近体調がいいが、ついおっくうで自宅にこもってしまっている	かけがえのないこの毎日を大切に慈しんで過ごしたい
社会とのかかわり	肺がん		気持ちが晴れやかになるように過ごしたい
社会とのかかわり	肺がん		孫と過ごす時間を大切にしたい

「居宅サービス計画書　第2表」部分

長期目標	短期目標	サービス内容	サービス種別
日常生活のリズムをつくることで認知症の進行を予防する	通所介護に通って会話やお出かけなど皆と一緒に楽しみたい	レクリエーション活動や行事の参加。他利用者やスタッフとの交流	通所介護
隣人に誘ってもらい、パターゴルフに行く	積極的にプレイする	パターゴルフへの参加	自分
絵本の読み聞かせ教室に参加する	1日1冊子供の絵本を読めるようにする	図書館にボランティアに行く	自分
有機野菜をつくる	採れた分だけ野菜の路地販売をしてみる	野菜販売(マルシェへの参加)	自分
他者とかかわる機会を持つ	地域の人が自宅に訪ねてくる	自宅を子育てサークルに開放して自由に使ってもらう	区の空き室利用プロジェクトの活用
自分らしさを取り戻す	得意だった太鼓を祭りでたたく	高砂会の活動に参加して太鼓の練習をする	地域活動
楽しみや張りのある生活を送る	通所リハビリテーションに慣れる	レクリエーション活動、他利用者との交流、行事の参加	通所リハビリテーション
楽しみのある時間を過ごし、意欲の低下を防ぐ	気分転換ができる	①レクリエーション活動、脳トレーニング、他利用者との交流　②健康チェック　③服薬管理、定期受診	通所リハビリテーション、通所介護、家族
家族とともに過ごす時間をつくる	毎週土曜日の夕食は娘家族(娘、夫、孫)と一緒にとる	孫の好きなハンバーグをつくる	家族
家族とともに過ごす時間をつくる	家の中を少し模様替えして家族が団らんできる環境を整える	カーテンとカーペットを換えてみる	家族
孫のために何かする	孫の赤ちゃんの時のセーターを使って、孫の好きな熊のぬいぐるみをつくってクリスマスプレゼントにする	手芸	自分

課題分析標準項目別文例集

＊状態が同じものは一番上に一つだけ入っています

標準分析項目	原因	状態	ニーズ・課題
排尿・排便	**ポイント** ①尿意はありますか？　②トイレを認識できますか？　③自力でトイレまで行けますか？　④ズボンの上げ下ろしの動作はどうですか？　⑤便秘はありませんか？　⑥頻尿ではないですか？		
排尿・排便	パーキンソン病	スムーズに歩行ができず、トイレに間に合わないことが多い。介助者の妻も本人を抱えるのがつらくなっている	介護者の排尿介助への負担が増している
排尿・排便	大腿骨骨折後	下肢筋力、体力の低下があり、浴槽の出入りや入浴で疲れてしまうことに不安がある	安心して風呂に入りたい
排尿・排便	認知症	認知症のため同じところを何度も洗う。繰り返し洗髪する	認知症のため入浴時の声かけや見守りを要する
排尿・排便	認知症		認知症のため入浴時の声かけや見守りを要する
排尿・排便	閉じこもり、腰痛、変形性膝関節症、巻き爪	筋力低下、膝の痛みがあり、一人で入浴することができない	筋力低下、膝の痛みがあり、浴槽の出入りや立ち、座り、洗身に介助を要する
排尿・排便	認知症 ＊認知にもあり	認知症のため失禁がある。便で下着が汚れていても気がつかない	排泄の声かけが必要
排尿・排便	認知症 ＊認知にもあり		排泄時の声かけが必要な状態
褥瘡・皮膚の問題	**ポイント** ①座位の時間は、どうですか？　②栄養はとれていますか？　③清潔は保たれていますか？　④何か除圧のための試みはなされていますか？		
褥瘡・皮膚の問題	脳梗塞後遺症	退院後臀部に発赤ができてしまっている	褥瘡予防を行う
褥瘡・皮膚の問題	脳梗塞後遺症		褥瘡予防を行う
褥瘡・皮膚の問題	脳梗塞後遺症		褥瘡予防を行う

「居宅サービス計画書 第2表」部分

長期目標	短期目標	サービス内容	サービス種別
本人が自力で排尿できるように環境を整える	社会資源を活用することにより、本人の自立した排尿を支え、介護者の負担を少なくする	住宅改修の実施により、本人が自分でトイレまで行き排尿できるようにする	住宅改修
安全に安楽に入浴ができる	通所リハビリテーションで安心して入浴できる。皮膚の清潔が保持できる	①浴室内の移動、移乗の介助 ②洗身の介助	通所リハビリテーション
スタッフ介助で安全に入浴する	定期的に入浴し、清潔が保持できる	入浴介助（洗身、更衣、尿とりパッドの交換）	通所リハビリテーション
広々とした施設の浴室で気持ち良く入浴する	定期的に入浴して、清潔を保持し、全身状態を観察する	入浴介助（洗身、更衣、尿とりパッドの交換）、全身状態の観察	訪問看護
安全に入浴する。皮膚の清潔が保持ができる	安心して入浴する。皮膚の清潔が保持できる。全身の血行が良くなる	①入浴介助（洗身、洗髪、更衣） ②皮膚の観察、軟膏塗布	通所介護または通所リハビリテーション
適宜声かけして気持ち良く排泄できる環境を整える	排泄の声かけをする	本人の様子に注意し、さりげない声かけ、尿とりパッド・紙パンツ交換	訪問介護、通所介護
適宜声かけして気持ち良く排泄できる環境を整える	失敗している時には、清拭、尿とりパッド・紙パンツ・下着交換をする	排泄の声かけ、清拭、尿とりパッド・紙パンツ・下着・衣服交換、洗濯	訪問介護
局所の除圧	局所を適切に除圧する	エアマットレスの利用	福祉用具貸与
清潔の確保	皮膚を状況観察し、保清を行う	全身観察、保清	訪問看護
栄養バランス、水分摂取の注意	食事サービスなどを利用しながら食事療法を行う	NPO団体による食事サービスの利用	食事サービス

課題分析標準項目別文例集

*状態が同じものは一番上に一つだけ入っています

標準分析項目	原因	状態	ニーズ・課題
褥瘡・皮膚の問題	病状悪化、廃用症候群	機械浴レベルで自宅での入浴は困難	いつも清潔にしていたい
褥瘡・皮膚の問題	病状悪化	入浴ができない	入浴ができるようにしたい
褥瘡・皮膚の問題	病状悪化		安全に入浴ができるようにしたい
褥瘡・皮膚の問題	パーキンソン病末期	パーキンソン病ホンヤールⅣで寝たきりの状態	体温調節ができない。背中にいつも汗をかく。かゆくないようにしたい
褥瘡・皮膚の問題	パーキンソン病末期		体温調節ができない。背中にいつも汗をかく。かゆくないようにしたい
褥瘡・皮膚の問題	認知症	認知症で寝たきり。失禁により感染しやすい状態	陰部と臀部はきれいにして気持ち良く過ごしたい
褥瘡・皮膚の問題	認知症	認知症のために体の洗い方がわからない	入浴時に洗い方を指示する必要がある
褥瘡・皮膚の問題	認知症、脱水	低温やけどが原因で臀部、仙骨部に潰瘍がある	毎日のドレッシングケアと栄養管理を要する
褥瘡・皮膚の問題	うつ病	うつ病による意欲、体力の低下	浴槽をまたぐことや洗身は疲れてしまうため、介助を要する
褥瘡・皮膚の問題	うつ病	生活観念が低く、入浴や尿とりパッド交換、尿臭に無頓着	定期的な入浴や尿とりパッド、衣服交換に介助を要する
褥瘡・皮膚の問題	圧迫骨折	腰痛があり、一人で入浴することに不安がある	一人で入浴することに不安があり、見守りを要する
褥瘡・皮膚の問題	片麻痺	麻痺のため身体バランス保持ができず、転倒の危険が高い	転倒の危険があり、介助を要する

「居宅サービス計画書 第2表」部分

長期目標	短期目標	サービス内容	サービス種別
安楽に入浴する。保清の手段を確保する	安全に安楽に入浴できる	機械浴	通所リハビリテーション
爽快感、安らぎを得ることで生活意欲が高まる	運動機能障害の有無の把握、疾病状況、物理的入浴環境の把握を行い、適切な入浴形態の把握と調整を行う	身体能力、疾病状況、物理的環境、人的環境のアセスメントを行う	ケアマネジャー
皮膚を清潔に保ち、感染を防ぐ	入浴における一連の流れと動作の把握と介助	浴室への移動、浴槽への出入り時の介助	訪問介護
安全に入浴できる	定期的に入浴し、皮膚の清潔が保持できる	訪問入浴	訪問入浴
安全に入浴できる	その日の健康状態(熱、血圧、疲労など)を適切に把握する	入浴介助	訪問看護
陰部、臀部の清潔が保持できる。感染予防ができる	皮膚の清潔が保持できる。尿路感染を予防する	陰部洗浄、おむつ交換	訪問看護
不安なく入浴できる	自分でできる入浴動作を継続できる	洗身の声かけ、介助	通所介護
やけどが良くなる。栄養状態が改善する	火傷部の清潔が保持できる。きちんと食べる	①ドレッシングケア、臀部洗浄 ②宅配弁当	訪問看護、民間宅配弁当
短い時間で入浴する	皮膚の清潔が保持できる。気分転換できる	洗身の介助、疲労感の観察と声かけ	通所介護
安全に入浴する。皮膚の清潔が保持できる	定期的に入浴できる。皮膚の清潔の保持ができる	入浴介助(洗身、洗髪、更衣)、尿とりパッド交換 皮膚の観察、軟膏塗布	通所介護
介助で安心して入浴する	定期的に入浴し皮膚の清潔が保持できる。手すりを使って安全に入湯する	洗身の介助、入湯時の見守り	訪問看護
転倒を防ぎ、安全に入浴できる	福祉用具を利用して安全に移乗し、浴室内を移動する。入湯時、洗身時にバランスを保持しながら介助する	洗身介助	訪問介護

課題分析標準項目別文例集

健康状態 / ADL / IADL / 認知 / コミュニケーション能力 / 社会とのかかわり / 排尿・排便 / 褥瘡・皮膚の問題 / 口腔衛生・口腔ケア / 食事摂取 / 介護力 / 居住環境 / 〈特別な状況 虐待〉 / 〈特別な状況 ターミナルケア〉 / 〈特別な状況 医療連携〉 / 〈特別な状況 経済状況〉

課題分析標準項目別文例集

＊状態が同じものは一番上に一つだけ入っています

標準分析項目	原因	状態	ニーズ・課題
褥瘡・皮膚の問題	心不全	労作時の息苦しさや疲れやすさで身体負担が重い	身体負担を軽くした清潔保持を要する
褥瘡・皮膚の問題	慢性呼吸不全	労作時の息苦しさや疲れやすさがある	風呂は大好き。疲れるけど湯船に入りたい
褥瘡・皮膚の問題	神経難病による筋力低下	全身の筋力低下があり、握力もなく、自力で浴槽をまたぐことはできない	入浴動作全般に介助を要する
褥瘡・皮膚の問題	脱水	食事摂取量の低下による脱水、低栄養状態で浮腫がある。自力で体を動かすことも困難	褥瘡形成のリスクが高い。栄養状態の改善を要する
褥瘡・皮膚の問題	末期がん	全身の衰弱、るい痩が進んでいる	身体負担を軽くした清潔保持を要する
褥瘡・皮膚の問題	肝硬変非代償期、腎臓がん ＊健康状態にもあり	腎ろう、肝硬変末期で腹水もある。疲れやすく、終日寝たきりで過ごす。一人暮らし。入院はかたくなに拒否している	肝硬変の進行に伴う低栄養状態で腎ろうラパック周囲の潰瘍を繰り返しており、医療管理を要する
褥瘡・皮膚の問題	糖尿病、低温やけど、認知症	仙骨部に10センチ×10センチの低温やけどがあり、びらん状態	汚染しやすく滲出液もあり、毎日皮膚ケアを要する
褥瘡・皮膚の問題	老衰、認知症	老衰のため寝たきり状態	寝たままの状態で安全な入浴をする必要がある
褥瘡・皮膚の問題	老衰、認知症		寝たままの状態で安全な入浴をする必要がある

口腔衛生・口腔ケア

ポイント ①歯の状態はどうですか？ ②義歯は？ ③口臭はありませんか？ ④咀嚼に何か問題はありませんか？ ⑤嚥下の状態はどうですか？

標準分析項目	原因	状態	ニーズ・課題
口腔衛生	末期がん	意識混濁状態。舌根が沈下しており口腔内が乾燥している	口腔内の乾燥を防ぎ、清潔を保持する
口腔衛生	認知症	介護拒否があり、歯磨きをさせてくれない。口臭が強い	義歯洗浄とうがいが必要

「居宅サービス計画書 第2表」部分

長期目標	短期目標	サービス内容	サービス種別
身体に負担がかからないように入浴する	機械浴を利用して身体負担を軽減する。皮膚の清潔が保持できる	機械浴	通所介護
身体負担を軽減しながら入浴できる	本人の楽しみが継続できる。皮膚の清潔が保持できる	機械浴	通所介護
安全に入浴できる	定期的な福祉用具の利用と介助で不安なく入浴する	入湯・洗身時に、福祉用具を利用して安全にバランスを保持しながら介助する	訪問看護、福祉用具購入
褥瘡ができない。栄養状態、脱水が改善する	きちんと食べる	①清拭、陰部洗浄、フットケア ②療養指導、栄養食の処方	訪問看護、訪問診療
心地良い快適な生活が守られる	安楽に入浴する	皮膚を傷つけないように洗う	訪問入浴
一人暮らしを継続する	腎ろうラパック周囲の皮膚管理を継続し再発を防ぐ。再発時に早期に対応する。ステントトラブル時や病状悪化時に早期に対応できる	①病状観察、ステント、腎ろうラパック交換、スキンケア ②病院看護師、主治医との連携	訪問看護
やけどの悪化を防ぐ	やけどが縮小する	やけど処置、予後予測	訪問看護
安全に安楽に入浴できる	定期的に入浴できる。皮膚の清潔を保持し、全身状態を観察する	①清拭、陰部洗浄(病状に応じて) ②入浴介助 ③病状観察	訪問看護
安全に安楽に入浴できる	定期的に入浴できる。皮膚の清潔の保持ができる	①清拭、陰部洗浄(病状に応じて) ②入浴介助	訪問入浴
口腔内の炎症を防ぐ	口腔内の清潔を保持し感染を防ぐ	口腔ケア	訪問看護
通所介護での食事の後、口腔内の清潔を保持し、感染を防ぐ	本人の機嫌を確認しながら声かけし、口腔ケアを試みる	うがいと義歯洗浄	通所介護

課題分析標準項目別文例集

*状態が同じものは一番上に一つだけ入っています

標準分析項目	原因	状態	ニーズ・課題
口腔衛生	認知症	口腔ケアをいやがる。すぐに手にかみつく	義歯洗浄とうがいが必要
口腔ケア	脳梗塞後遺症	飲み込み時にむせやすい	好きな物をおいしく食べたい
口腔ケア	脳梗塞後遺症 *食事摂取にもあり		栄養分を適切に摂取したい

食事摂取

ポイント ①献立を考えることはできますか？　②買い物は？　③調理はできますか？　④自力摂取はできますか？　⑤介助が必要ですか？　⑥後片付けは大丈夫ですか？

標準分析項目	原因	状態	ニーズ・課題
食事摂取	脳梗塞後遺症	飲み込み時にむせやすい	飲み込みづらく、食事がつらい
食事摂取	脳梗塞後遺症		入れ歯が痛くて食事がつらい
食事摂取	脳梗塞後遺症 *口腔ケアにもあり		栄養分を適切に摂取したい
食事摂取	脳梗塞後遺症		栄養分を適切に摂取したい
食事摂取	単身独居認知症	一人暮らしで食生活が乱れている	コンビニ弁当だけでなく、おふくろの味っぽいものが食べたい
食事摂取	単身独居認知症		病気になる前のように、おいしい食事をつくれるようにする
食事摂取	誤嚥	咀嚼機能の低下がある	むせやすい
食事摂取	誤嚥	嚥下時に喉頭が十分に挙上しないため、喉頭蓋の閉鎖が不完全となり、食物が気道へ流入しやすくなる	むせやすい

「居宅サービス計画書 第2表」部分

長期目標	短期目標	サービス内容	サービス種別
口腔内の清潔を保持し、感染を防ぐ	本人の機嫌を確認しながら声かけし、口腔ケアを試みる	うがいと義歯洗浄	訪問介護
食物をうまく飲み下せるようになる	口腔ケア、口腔体操の実施	口腔ケアの方法の確認、用具の確認、義歯の快適さのチェック、1日1回口腔体操を行う	訪問歯科
嚥下がうまくできるようにする	口腔ケア、口腔体操の実施	1日1回口腔体操を行う	家族
嚥下がうまくでき、食事がおいしくとれるようにする	口腔ケア、口腔体操の実施	1日1回口腔体操を行う	訪問歯科
義歯が快適に使える	口腔ケア、義歯の適切さの評価	口腔ケアの方法の確認、用具の確認、義歯の快適さのチェック	訪問歯科
嚥下がうまくできるようにする	口腔ケア、口腔体操の実施	1日1回口腔体操を行う	家族
食卓で良い姿勢で食事ができるようにする	食事量と食事にかかる時間が適切か検討する	食事を味わうための環境の整備。1食の量を調節したり、少量で何回も食べてみるなど工夫する	家族
栄養バランスのとれた、手づくりの料理を食べる	地域の食事サービスの利用	1日1食バランスのとれた食事をする	NPO法人によるおふくろ弁当の利用
献立を立て、買い物に行き、自分で調理し、孫に食べてもらうようにする	まずは献立から行い、ゆくゆくは買い物にも行けるようにする	少しずつ自分でできることを増やしていく	自分、家族
本人に適した食形態の食事を提供する	食品ごとに嚥下の状態に合わせて調理する	嚥下状態に適した食材の確保と調理の工夫	家族
本人に適した食形態の食事を提供する	食品ごとに嚥下の状態に合わせて調理する	ミキサー食やとろみ食の検討をする	訪問介護

課題分析標準項目別文例集

健康状態 / ADL / IADL / 認知 / コミュニケーション能力 / 社会とのかかわり / 排尿・排便 / 褥瘡・皮膚の問題 / 口腔衛生・口腔ケア / 食事摂取 / 介護力 / 居住環境 / 特別な状況〈虐待〉 / 特別な状況〈ターミナルケア〉 / 特別な状況〈医療連携〉 / 特別な状況〈経済状況〉

課題分析標準項目別文例集

*状態が同じものは一番上に一つだけ入っています

標準分析項目	原因	状態	ニーズ・課題
食事摂取	摂食不良	食べ物を見ても反応しない、または食べようとしない	食事をとろうとしない
食事摂取	摂食不良		自分から進んで食事をとろうとしない
食事摂取	摂食不良		用意された食事に手を付けない
食事摂取	摂食不良		一口も食べない
食事摂取	摂食不良	食事をとったりとらなかったりムラがある	バランスの良い食事がとれない

介護力

ポイント ケアプランを作成する上で、介護者の介護力をアセスメントすることも重要です。介護力とは、介護意欲、介護関係(本人・介護者との関係)、介護技術、介護知識、家事技術、介護者の健康、介護者の休息、介護の代替者の有無など複数の要因によって把握が可

標準分析項目	原因	状態	ニーズ・課題
介護力	認知症	妻がしょうがを20個近く買ってきてしまう。注意しても直らないことにイラついている	妻の認知症の進行を認めることができずらい。何とか妻が治る方法を知りたい
介護力	認知症	認知症は治ると信じている。毎日脳トレーニングをさせている	妻の認知症の進行を認めることができずらい。何とか妻が治る方法を知りたい
介護力	認知症	介護者(娘)は精神疾患のため通院しながらフルタイムで仕事をし、父親の介護をしている。仕事場と自宅の往復で疲れ切っている	できるだけ自宅で過ごさせてやりたいが私も疲れ切っている(娘)
介護力	認知症	娘さんが献身的に介護しているが協力者もなく、疲労している	疲れはあるが最後まで自宅で介護するつもり。昼間休める時間はほしい(娘)
介護力	認知症		疲れはあるが最後まで自宅で介護するつもり。昼間休める時間はほしい(娘)
介護力	認知症	介護保険サービスが上限を超え、経済的負担が大きい中で一生懸命介護されている	これからも家族皆で暮らしたい

「居宅サービス計画書 第2表」部分

長期目標	短期目標	サービス内容	サービス種別
本人が自ら楽しんで食事ができるようになる	食事を味わうための準備を整える	洗面、手洗い、うがい、メガネ、義歯、補聴器の着用など確認して環境を整える	訪問介護
本人が自ら楽しんで食事ができるようになる	食事の環境、本人の身体状況を確認する	食事が本人から見えるように配膳されているか、緑内障や視野狭窄などによる影響はないか確認する	訪問看護
本人が自ら進んで食事ができるようになる	本人が食べたいメニューを考える	食事に季節感を取り入れる。旬の物を利用する	訪問介護
本人が自ら進んで食べるようになる	メニューを工夫する	献立に地域性、郷土性を取り入れる	訪問介護
バランスの良い食事ができる	本人の食事状況を観察し、毎日の食事量、食べるスピード、献立の種類を分析する	食生活のアセスメントの実施	ケアマネジャー

能となるでしょう。

長期目標	短期目標	サービス内容	サービス種別
妻の状況を夫自身が理解でき、妻にとって良い介護の方法を探せるようにする	認知症について詳しい医者、専門家とつながりを持ち、常に相談できる体制をつくる	介護者教室への参加。しょうがをたくさん買ってきた時の声のかけ方を知る	介護者教室
妻の状況を夫自身が理解でき、妻にとって良い介護の方法を探せるようにする	認知症について詳しい医者、専門家とつながりを持ち、常に相談できる体制をつくる	専門医の受診	専門医
在宅生活を1日でも長く続ける。娘さんの精神的負担を軽減する	娘さんの精神症状が安定する。本人の認知症状が安定する	①専門医受診の継続 ②服薬を守る ③娘の専門医、病院MSWと連携する	精神病院MSW、専門医
在宅介護を継続することができる	娘さんが一人で過ごす時間を定期的に持つことができる	①入浴介助、リハビリテーション、脳トレーニング、レクリエーション活動 ②通所リハビリテーションスタッフとの介護相談	通所リハビリテーション
在宅介護を継続することができる	福祉用具を利用することで介護動作を円滑にする	介護ベッド、手すり、車椅子、スロープのレンタルとメンテナンス	福祉用具貸与
介護者がリフレッシュし、在宅介護を継続できる	通所リハビリテーションに通い、日常生活のリズムを維持する	レクリエーション活動、脳トレーニング、他利用者との交流	通所リハビリテーション

課題分析標準項目別文例集

*状態が同じものは一番上に一つだけ入っています

標準分析項目	原因	状態	ニーズ・課題
介護力	認知症	介護保険サービスが上限を超え、経済的負担が大きい中で一生懸命介護されている	これからも家族皆で暮らしたい
介護力	認知症		これからも家族皆で暮らしたい
介護力	認知症	老老介護。徘徊あり。目が離せず介護負担は重い	長年連れ添った妻を施設に入れるのがかわいそう。最期まで看取りたい
介護力	認知症	老老介護で負担が大きいが、夫は在宅介護を希望	自分がみるのが当然の義務だと思っている。人の世話にはなりたくない
介護力	認知症	認知症のため能力がないのに夜間起き出すため、目が離せない	毎晩夜中に起き出し、ベッドの下で転んでいるので、不眠で疲れている
介護力	認知症	認知症のため暴力、徘徊があり、目が離せない。妻は毎日本人の後からついて歩いているが、本人が途中で座り込むことがあり、妻は一人で立ち上がらせる力がない	毎日徘徊する。地域の協力を得て見守りや援助体制を整える必要がある
介護力	認知症	記憶障害による不安感が強く、感情が不安定で手がつけられない時がある	通所リハビリテーションでの認知症対応プログラムを利用して精神の安定を図り、家族が接しやすくする必要がある
介護力	認知症		通所リハビリテーションでの認知症対応プログラムを利用して精神の安定を図り、家族が接しやすくする必要がある
介護力	認知症	妻が亡くなり一人暮らし。日常生活に必要な家事援助が滞っている	日常生活に必要な家事援助を支援することで一人暮らしを継続する
介護力	突発性正常圧水頭症 *居住環境にもあり	起き上がりや移動、移乗など介助が多くなり、介護負担が増えている	起き上がりや移動、移乗など、できるだけスムーズに介助ができるようになりたい
介護力	パーキンソン病	介護者が治療方法、病状に理解がない。内服薬を勝手にやめたりする。二者関係よくない	進行性の神経難病であること、治療や症状、対応の仕方を知ることで夫婦関係を改善し、介護の方法を知る必要がある

「居宅サービス計画書 第2表」部分

長期目標	短期目標	サービス内容	サービス種別
在宅介護を継続できる	短期入所生活介護を利用することで介護者の疲労が回復する	他利用者との交流、短期入所生活介護	短期入所生活介護
介護者がリフレッシュし、在宅介護を継続できる	介護者の疲労が回復する	介護負担・経済的負担軽減のための制度の活用や案内、福祉用具レンタル	福祉用具貸与、ケアマネジャー
在宅生活が継続できる。夫の介護負担の軽減ができる	妻を預かってもらえる場所を探す	重度認知症対応型通所リハビリテーションの利用	精神科併設の通所リハビリテーション
在宅生活が継続できる。夫の介護負担の軽減ができる	介護負担の軽減ができる。何かあった時、相談に乗ってくれる人を確保する	精神症状悪化時すぐに対応できるよう医療機関と連携体制を整える	病院MSW
異常に早期に気づき、転倒等の事故を防ぐ。介護負担を軽減する	福祉用具を利用することで介護動作を容易にする。徘徊マットを利用し、異常に早く気づいて事故を予防する	福祉用具レンタル(介護ベッド、手すり、車椅子、徘徊マット)	福祉用具貸与
地域の協力を得て事故なく帰宅する	事故なく帰宅できるよう、徘徊マップ、電話連絡体制を整える	①徘徊マップ、電話連絡体制の作成 ②地域ケア会議、精神科MSWとの連携の確認	地域包括支援センター、公民館、町会、警察、精神科MSW
家族の精神的負担を軽減する	家族がゆったりする時間を持つことができる	①回想法を取り入れた脳トレーニング ②レクリエーション活動 ③服薬管理	通所リハビリテーション
家族の精神的負担を軽減する	専門家による助言を得る	①服薬管理、定期受診 ②主治医との相談	医療機関
居心地の良い自室で過ごす。通所リハビリテーションやごみ出しの準備ができる	自室環境が整う。通所リハビリテーションに必要な物を持参できる。自分でごみ出しができる	環境整備、通所リハビリテーションの準備、ごみ出しの用意	訪問介護または家族
自宅内の移乗介助や移動動作を習得する	自宅での移動・移乗介助を容易にする。昇降座椅子を利用して安全に立ち上がる	①移動・移乗介助動作指導 ②福祉用具レンタル	訪問リハビリテーション、福祉用具貸与
妻が病気に対して理解を高めることができる	訪問看護による細かな説明と相談。レスパイト入院することで気持ちに余裕を持つ	症状の進行に即した細かな説明と療養指導。レスパイト入院	訪問看護、主治医

課題分析標準項目別文例集

健康状態　ADL　IADL　認知　コミュニケーション能力　社会とのかかわり　排尿・排便　褥瘡・皮膚の問題　口腔衛生・口腔ケア　食事摂取　介護力　居住環境　〈特別な状況：虐待〉　〈特別な状況：ターミナルケア〉　〈特別な状況：医療連携〉　〈特別な状況：経済状況〉

課題分析標準項目別文例集

*状態が同じものは一番上に一つだけ入っています

標準分析項目	原因	状態	ニーズ・課題
介護力	糖尿病	家族とは絶縁状態に近い状況だったが、体力が低下したことがきっかけで娘を頼る。娘は「たった二人の家族だから」とかかわりを持った。しかし日常生活のすべてで依存するようになる。娘自身も家庭内不和があり、精神的に追い詰められている	父親の面倒をみる気持ちがある娘さんの身の回りや家事の支援をすることで、時間的なゆとりや精神的な負担を軽減する必要がある
居住環境	**ポイント** ①持ち家ですか？ 賃貸ですか？ ②外から玄関までの段差はありますか？ ③室内に段差はありますか？ ④手すり等はついていますか？		
居住環境	脊柱管狭窄症	玄関アプローチから玄関まで大きな段差がある	外出しづらい環境にあるが、もっと外に出たい
居住環境	脊柱管狭窄症	古い家屋で手すり等つかまる所がなく、転倒の危険が高い	古い家で建て替えも勧められているが、今は何とも決められない。自分の部屋は何とか過ごしやすくしたい
居住環境	脊柱管狭窄症、腰椎圧迫骨折	腰痛、下肢筋力低下があり、歩行状態は不安定	廊下、トイレ、玄関、外玄関につかまるものがなく、移動や昇降に不安がある
居住環境	脳梗塞後遺症	自宅内に段差多い	自宅内の段差をできれば5センチ以下に解消したい
居住環境	脳梗塞後遺症	ちょっとした段差につまずきやすい	家電製品のコードやカーペットのめくれなどが多い
居住環境	脳梗塞後遺症	室内が狭く、車椅子での移動が困難	室内狭小のため車椅子利用困難
居住環境	脳梗塞後遺症	室内の床が滑りやすい	浴室、洗面室など滑りやすくなっている
居住環境	脳梗塞後遺症	循環器機能の低下とともに体温調節機能が低下している	冬季の入浴に不安がある
居住環境	リウマチ	ドアの取っ手がつかみにくい	リウマチのため手指に拘縮があり、にぎり式ノブがつかめない

「居宅サービス計画書 第2表」部分

長期目標	短期目標	サービス内容	サービス種別
娘さんが介護を継続できる	介護負担の軽減	家事、身の回りの支援、精神的支援	NPOふれあいサービス
玄関アプローチから玄関まで1メートルの段差があり、外出しづらい	段差を解消し、自力で外に出られるようにして外出の機会を増やす	屋外エレベーターの設置	住宅改修
自室環境が整い、安全な生活動線を確保する	ヘルパー支援で定期的に環境整備する	生活支援	訪問介護またはボランティア
自宅内に手すり等を設置する	自宅での移動、移乗を容易にする	手すりの設置	住宅改修
自宅内の段差の解消目標：5センチ以内	使用頻度の多い場所から改修を行う	寝室から廊下、トイレ、玄関の段差解消	住宅改修
転倒事故の防止	自宅内のバリアの除去	家電製品のコード、カーペットのめくれなどの除去	家族
車椅子での移動と住居空間への配慮	車椅子の幅と通路や出入口の幅との調整	必要な通路幅の割り出し、確保	住宅改修
転倒事故の防止	浴室、洗面所、トイレの床を表面の粗いものにする	床材の材質の変更	住宅改修
トイレ、脱衣室、浴室でヒートショックを防ぐ	居室以外も適温を保つようにする	①冬季の室内の温度を18度から23度前後に保つようにする ②暖房器具の設置	家族
痛みなくドアを開閉できる	ドアノブの交換	ドアノブをレバーハンドルに変更する	住宅改修

課題分析標準項目別文例集

*状態が同じものは一番上に一つだけ入っています

標準分析項目	原因	状態	ニーズ・課題
居住環境	リウマチ	ドアの開閉がつらい	ドアの開閉がつらい
居住環境	突発性正常圧水頭症 ＊介護力にもあり	起き上がりや移動、移乗など介助が多くなり、介護負担が増えている	起き上がりや移動、移乗など、できるだけスムーズに介助ができるようになりたい

特別な状況〈虐待〉 **ポイント** 2006年に高齢者虐待防止法が施行されましたが、在宅において養護者による虐待は後を絶たず、多くのケアマネジャーが虐待予防、虐待対応のために苦慮していることと思います。実際に虐待という事実をケアプランに落とすことはそう多くはないと思います

標準分析項目	原因	状態	ニーズ・課題
特別な状況〈虐待〉	認知症	30分おきにトイレに行きたいと言う。息子はその希望をできる限りかなえようとするが、疲労が増している	介護者(息子)自身、毎晩眠れておらず、衰弱している。休息したい思いがある
特別な状況〈虐待〉	認知症	介護者の暴言暴力。顔や腕にあざや打撲痕が経常的にある。本人は「孫とやりまして」と言う	介護者(孫、不登校14歳)が、認知症の進行が理解できず「言うことをきかない」からと手をあげている。自分の感情を抑えきれない。専門医の治療を要する
特別な状況〈虐待〉	認知症	介護者が、本人が委縮し外に聞こえるくらいの大声で怒鳴る	介護者の精神的支援を要する
特別な状況〈虐待〉	認知症	認知症の本人が思い通りにならないことと介護者自身の体調が悪いこと、他人に介護を任せられないことにより介護疲れの蓄積がある	介護者の精神的支援を要する
特別な状況〈虐待〉	認知症	介護者が暴力をふるう。手や足、腰、背中に打撲痕やつねられた痕がある。「言うことを聞かない母親に腹が立つ」。自分で面倒をみるつもりでいると話す	本人が安全に安心して過ごす場を確保する必要がある。介護負担の軽減も要する
特別な状況〈虐待〉	認知症		息子さんの介護について、できていないところだけでなく、できている部分を探し、それをねぎらう
特別な状況〈虐待〉	認知症	介護者による身体的虐待。手や足、腰、背中に打撲痕あり。「何もかもできなくなってしまう母親が情けない」。自分で面倒をみるつもりでいると話す	事実確認とリスクの把握
特別な状況〈虐待〉	家族不和	幼少時の育児放棄があり、娘は施設で育つ。母親を許せず、母がそこにいることがストレスになっている。部屋のふすまや障子が壊れるくらい暴れる	娘のカウンセリングと家族機能が回復するよう支援を要する

「居宅サービス計画書　第2表」部分

長期目標	短期目標	サービス内容	サービス種別
痛みなくドアを開閉できる	ドアを引き戸式に変更する	引き戸式ドアへの交換	住宅改修
自宅内の移乗介助や移動動作を習得する	自宅での移動・移乗介助を容易にする。昇降座椅子を利用して安全に立ち上がる	①移動・移乗介助動作指導 ②福祉用具レンタル	訪問リハビリテーション、福祉用具貸与

が、虐待対応のポイントを押さえるという点でいくつか文例を作成しています。

長期目標	短期目標	サービス内容	サービス種別
介護者(息子)の睡眠、休息の確保	本人が適切な介護体制を確保する	息子さん、本人が不安にならないように、自宅近隣の施設での短期入所生活介護	短期入所生活介護
孫への精神的支援、専門職からのフォローのすすめ	本人が安心して過ごせる支援体制やサービスを整える	地域包括支援センター、介護保険課の支援、介護保険施設、子育て支援室との連携	短期入所生活介護
サービス提供事業者間が連携し、一貫した精神的支援を行う	介護者がゆとりのある気持ちで介護を継続できる	サービス提供事業者間の連携体制(訪問、電話、メール、FAX等)	訪問看護、通所リハビリテーション、福祉用具貸与、医師、薬剤師、地域包括支援センター、ケアマネジャー
各専門職が役割分担して介護者を支える	介護者がゆとりのある気持ちで介護を継続できる	サービス時の介護者への声かけ、相談	訪問看護、通所リハビリテーション、地域包括支援センター、ケアマネジャー
安全に安心して過ごすことができる	日中必要なケアを受けることができる	通所介護	通所介護
リスクは抑えつつ、息子さんが自己肯定感を高められるように働きかける	できていないところではなく、できているところを言葉で伝えてねぎらう	ケアマネジャー、ヘルパー、デイスタッフによる息子さんへのコンプリメント	関係者
本人の安全を確保する	安心して過ごすことができる	短期入所生活介護	短期入所生活介護
本人、娘家族が別々の場所で過ごすことで精神的なストレスを軽減し、娘の家族機能が1日も早く回復する	娘が自分の家族だけで過ごす時間を確保する	短期入所生活介護から早期入所の相談、手続き	地域包括支援センター、ケアマネジャー、短期入所生活介護、特養入所担当者

課題分析標準項目別文例集

*状態が同じものは一番上に一つだけ入っています

標準分析項目	原因	状態	ニーズ・課題
特別な状況〈ターミナルケア〉	**ポイント** 医療連携が進むとともに、がん末期の方のケアプラン依頼も増えてくるのではないでしょうか。ターミナルケアの方のプラン作成においては、スピード、本人の意思の尊重、痛みのコントロール、そして家族のケアという4つの柱は重要です。		
特別な状況〈ターミナルケア〉	脳腫瘍	脳腫瘍末期	長くないことはわかっている。できるだけ長く家で過ごさせてやりたい
特別な状況〈ターミナルケア〉	脳腫瘍		長くないことはわかっている。できるだけ長く家で過ごさせてやりたい
特別な状況〈ターミナルケア〉	脳腫瘍		長くないことはわかっている。できるだけ長く家で過ごさせてやりたい
特別な状況〈ターミナルケア〉	膵臓がん	膵臓がん末期	1日でも長く家族と過ごしたい
特別な状況〈ターミナルケア〉	膵臓がん		1日でも長く家族と過ごしたい
特別な状況〈ターミナルケア〉	膵臓がん		1日でも長く家族と過ごしたい
特別な状況〈ターミナルケア〉	膵臓がん		1日でも長く家族と過ごしたい
特別な状況〈ターミナルケア〉	肺がん	肺がん末期	治療を続けて1日でも長く家族と過ごしたい
特別な状況〈ターミナルケア〉	肺がん		治療を続けて1日でも長く家族と過ごしたい
特別な状況〈ターミナルケア〉	肺がん		治療を続けて1日でも長く家族と過ごしたい

「居宅サービス計画書 第2表」部分

長期目標	短期目標	サービス内容	サービス種別
最期の時まで家族とともに穏やかに過ごす	看取りの時期に応じた家族の精神的支援をし、寄り添う	①訪問診療、緩和治療、療養相談、療養指導 ②医師、医療機関との連携 ③介護者の精神的支援	訪問診療（医療保険）、訪問看護（医療保険）
心地良い安楽な生活環境を整える	安全に経鼻注入する。褥瘡を予防する	訪問診療、緩和治療（経鼻カテーテル交換、緩和ケア病状管理、経鼻栄養注入、口腔ケア、おむつ交換、陰部洗浄、摘便、体位変換）	訪問診療（医療保険）、訪問看護（医療保険）
ベッドから立ち上がりをスムーズに行う	福祉用具を利用することで安楽に過ごすことができる	福祉用具レンタル（ベッド・手すり）	福祉用具貸与
痛みのない穏やかな1日を過ごす	痛みや吐き気が緩和される。訪問看護や主治医が訪問することで在宅療養が継続できる	①緩和治療 ②緩和ケア ③病状悪化時の対応、医療機関との連携 ④家族指導、デスエデュケーション	訪問診療（医療保険）、訪問看護（医療保険）、家族
身体がさっぱりする	入浴サービスを利用することで安楽に入浴することができる	①緩和ケア ②病状悪化時の対応、医療機関との連携 ③家族指導 ④入浴介助	訪問入浴
最期の時まで家族とともに穏やかに過ごす	痛みや吐き気が緩和される。訪問看護や主治医が訪問することで在宅療養が継続できる。安楽に入浴する。福祉用具を利用することで安楽に過ごすことができる	①緩和治療 ②緩和ケア ③病状悪化時の対応、医療機関との連携 ④家族指導、デスエデュケーション	訪問診療（医療保険）、訪問看護（医療保険）、家族、訪問入浴、福祉用具貸与
最期の時まで家族とともに穏やかに過ごす	福祉用具を利用することで安楽に過ごすことができる	緩和ケア、福祉用具レンタル	福祉用具貸与
苦しい状況を取り除く	痛みや息苦しさ、咳が緩和される	①介護相談、療養指導 ②医師、医療機関との連携 ③デスエデュケーション（本人、家族へ） ④緩和ケア	訪問看護、家族
自宅で過ごす	訪問看護によって在宅療養が継続できる	①介護相談、療養指導 ②医師、医療機関との連携 ③デスエデュケーション（本人、家族へ） ④緩和ケア	訪問看護、家族
家族とともに穏やかに過ごす	痛みや息苦しさ、咳が緩和される。安楽に臥床することができる	福祉用具レンタル（ベッド、手すり）	福祉用具貸与

課題分析標準項目別文例集

*状態が同じものは一番上に一つだけ入っています

標準分析項目	原因	状態	ニーズ・課題
特別な状況〈ターミナルケア〉	肺がん	肺がん末期	自宅で最期を迎えたいが、家族には負担をかけたくない。できるだけ家で家族と過ごしたい
特別な状況〈ターミナルケア〉	肺がん		1日でも長く家族と過ごしたい
特別な状況〈ターミナルケア〉	肝臓がん	肝臓がん末期	もう少し自宅で過ごしたい
特別な状況〈ターミナルケア〉	肝臓がん		もう少し自宅で過ごしたい
特別な状況〈ターミナルケア〉	肝臓がん		一人残る妻が心配。1日でも長く妻と過ごしたい
特別な状況〈ターミナルケア〉	肝臓がん		残された家族が心配。1日でも長く家族と過ごしたい。
特別な状況〈ターミナルケア〉	肝臓がん		家族とともに過ごしたい
特別な状況〈ターミナルケア〉	肝臓がん		自宅でも苦痛なく過ごせるようにしたい
特別な状況〈ターミナルケア〉	卵巣がん	卵巣がん末期	風呂に入れてほしい
特別な状況〈ターミナルケア〉	卵巣がん		トイレだけは自分で行きたいから、車椅子に移る時に介助して押してほしい

「居宅サービス計画書　第2表」部分

長期目標	短期目標	サービス内容	サービス種別
痛みをなくす	痛みのコントロールが継続される	①福祉用具レンタル(ベッド、マットレス、手すり)　②病状、服薬等の管理　③介護相談、指導　④医療機関との連携　⑤デスエデュケーション　⑥緩和ケア	福祉用具貸与・購入、訪問看護、訪問診療
家族とともに穏やかに過ごす(家に帰れてよかっと思う)	安楽に過ごす。体力の低下を防ぐ	①服薬管理、定期受診　②酸素吸入管理　③介護相談、療養指導　④医師、医療機関との連携　⑤デスエデュケーション(本人、家族へ)　⑥福祉用具レンタル(ベッドレスト、サイドガード、介護テーブル)	家族、在宅酸素提供会社、ケアマネジャー、福祉用具貸与
安楽に過ごす	痛みや苦痛がコントロールされる	①福祉用具レンタル(ベッド、エアマットレス)　②緩和ケア	福祉用具貸与
安楽に過ごす	痛みや苦痛がコントロールされる	緩和ケア、バイタルサインの観察、主治医への報告	訪問看護
最期の時まで家族とともに穏やかに過ごす	苦痛が緩和される	①訪問診察、緩和治療　②介護相談、療養指導　③医師、医療機関との連携　④デスエデュケーション(本人、家族へ)　⑤緩和ケア	訪問診療(医療保険)
心配事を解決する	適切に相談ができる	①訪問診察、緩和治療　②介護相談、療養指導　③医師、医療機関との連携　④デスエデュケーション(本人、家族へ)　⑤緩和ケア　⑥清拭、衣服交換、体位変換	訪問看護(医療保険)
さっぱりとして過ごす	痛みを感じることなく適切に介護を受ける	①介護相談　②緩和ケア　③医師、医療機関との連携　④清拭、衣服交換、体位変換	訪問介護
最期の時まで家族とともに穏やかに過ごす	福祉用具を利用し、苦痛が緩和される	福祉用具レンタル(ベッド、手すり)	福祉用具貸与
安楽に入浴する。体力の消耗を最小限にする	看護師立会いのもとで安心して入浴する。清潔を保持する	①体調チェック　②入浴介助　③介護相談　④体調に合わせて部分浴	訪問入浴
トイレで排泄する	安全に車椅子に移乗し、トイレまで移動する	①車椅子の移乗介助　②トイレへの移動介助　③介護相談	訪問介護

課題分析標準項目別文例集

健康状態／ADL／IADL／認知／コミュニケーション能力／社会とのかかわり／排尿・排便／褥瘡・皮膚の問題／口腔衛生・口腔ケア／食事摂取／介護力／居住環境／〈特別な状況〉〈虐待〉／〈特別な状況〉〈ターミナルケア〉／〈特別な状況〉〈医療連携〉／〈特別な状況〉〈経済状況〉

課題分析標準項目別文例集

*状態が同じものは一番上に一つだけ入っています

標準分析項目	原因	状態	ニーズ・課題
特別な状況〈ターミナルケア〉	卵巣がん	卵巣がん末期	食べる量も減ってきたし衰弱している。できるだけ家にいさせてやりたい
特別な状況〈ターミナルケア〉	前立腺がん	前立腺がん末期	痛みが強く起き上がれない。電動ベッドを使って楽に起き上がりたい
特別な状況〈ターミナルケア〉	前立腺がん		介護者の精神的支援を要する
特別な状況〈ターミナルケア〉	前立腺がん		介護者の精神的支援を要する
特別な状況〈ターミナルケア〉	大腸がん	大腸がん末期	生まれ育ったこの家で最期の時まで過ごしたい
特別な状況〈ターミナルケア〉	大腸がん		生まれ育ったこの家で最期の時まで過ごしたい
特別な状況〈ターミナルケア〉	腎臓がん	腎臓がん末期	状態が悪くなったら入院と思っているが、本人が望む限り自宅で過ごさせてやりたい
特別な状況〈ターミナルケア〉	胆のうがん、老衰	胆のうがん、老衰	皆でおばあちゃんを看取ろうと思っている
特別な状況〈ターミナルケア〉	胆のうがん、老衰		風呂に入れてほしい
特別な状況〈ターミナルケア〉	多発性骨髄腫	多発性骨髄腫の悪化	貧血もあるし、ふらつくので手すりをつけてほしい
特別な状況〈ターミナルケア〉	多発性骨髄腫		本人が疲れないように風呂に入れてほしい

「居宅サービス計画書　第2表」部分

長期目標	短期目標	サービス内容	サービス種別
1日でも長く家族とともに過ごす	介護負担の軽減ができる。病状の悪化を防ぐ	①短期生活介護一般(入浴、更衣、食事、移動・移乗時の介助等)　②緩和ケア	短期入所生活介護、定期通院
安楽に起き上がることができる	起き上がり時に苦痛が緩和でき、安心して起き上がる。介護負担の軽減ができる	介護ベッドのレンタル	福祉用具貸与
サービス提供事業者間が連携し一貫した精神的支援を行う	介護者がゆとりのある気持ちで介護を継続できる	サービス提供事業者間の連携体制(訪問、電話、メール、FAX等)	訪問看護、通所リハビリテーション、福祉用具事業所、医師、薬剤師、地域包括支援センター、ケアマネジャー
サービス提供事業者間が連携し一貫した精神的支援を行う	鎮痛薬の調整	①主治医との相談　②創処置、療養相談・指導　③緩和ケア	訪問看護
家族と穏やかに過ごす	褥瘡が治癒する。食事摂取量が維持できる。介護負担の軽減	①病状管理、医師との連携　②褥瘡ケア　③緩和ケア　④介護指導、療養相談	訪問看護
環境を整え、住み慣れた自宅で家族と穏やかに過ごす	褥瘡が治癒する	介護ベッド、エアマットレス、体位変換用具のフィッティング、使い方の指導とメンテナンス	福祉用具貸与
小康状態が維持される	食事がとれる。褥瘡の予防	①バイタルサインのチェック、腎ろうの管理　②入浴介助、状況に応じて清拭　③服薬管理　④家族指導　⑤主治医との連携	訪問看護
家族皆が心に残る看取りができる	病状の悪化を防ぐ。褥瘡の予防。介護負担の軽減	①健康管理、主治医との連絡　②介護相談・指導　③おむつ交換、陰部清拭　④定期診療、服薬管理　⑤短期入所生活介護　⑥福祉用具レンタル(ベッド、マットレス、車椅子、スロープ)	訪問看護、在宅訪問診療、家族、短期入所生活介護、福祉用具貸与
安全に安楽に入浴する	安全に入浴する。皮膚の清潔が保持できる	訪問入浴、皮膚の観察	訪問入浴
転倒を防止する	手すりにつかまって安全に立ち上がる	手すりの設置	住宅改修
安全に安楽に入浴できる	定期的に入浴できる。皮膚の清潔が保持できる	入浴介助(洗身、更衣、浴室までの移動)	訪問看護

課題分析標準項目別文例集

健康状態／ADL／IADL／認知／コミュニケーション能力／社会とのかかわり／排尿・排便／褥瘡・皮膚の問題／口腔衛生・口腔ケア／食事摂取／介護力／居住環境／特別な状況〈虐待〉／特別な状況〈ターミナルケア〉／特別な状況〈医療連携〉／特別な状況〈経済状況〉

課題分析標準項目別文例集

*状態が同じものは一番上に一つだけ入っています

標準分析項目	原因	状態	ニーズ・課題
特別な状況〈ターミナルケア〉	多発性骨髄腫	多発性骨髄腫の悪化	今度入院したら帰れないと思う。それまで面倒をみたい
特別な状況〈ターミナルケア〉	大腿骨頭部壊死、白血病	大腿骨頭部壊死、白血病	あまり痛がらずにいる間は自宅で過ごさせてやりたい
特別な状況〈ターミナルケア〉	乳がん	乳がん末期	一人暮らしだが、最期の時まで私らしく生を全うしたい
特別な状況〈ターミナルケア〉	乳がん	乳がん	自分の家で過ごしたい
特別な状況〈ターミナルケア〉	乳がん		自分の家で過ごしたい
特別な状況〈ターミナルケア〉	乳がん		自分の家で過ごしたい
特別な状況〈ターミナルケア〉	乳がん		だるいし体を動かすのもままならない。楽に横になっていたい
特別な状況〈ターミナルケア〉	乳がん		だるいし体を動かすのもままならない。楽に横になっていたい

| 特別な状況〈医療連携〉 | ポイント 平成27年度介護保険法改正の目玉の一つである医療連携についての文例です。医療連携は苦手だというケアマネさんも多いことと思いますが、まずは、退院時のポイント、医療依存度の高い利用者を担当する際のポイントなど押さえてみてください。一つパターン ||||

標準分析項目	原因	状態	ニーズ・課題
特別な状況〈医療連携〉	再生不良性貧血	病識もありきちんと服薬、定期通院を守っている。再生不良性貧血で通院加療中。寛解期だが病状が急激に悪化する可能性がある	少しずつ元気になってきた。一人暮らしを続けたい
特別な状況〈医療連携〉	再生不良性貧血		少しずつ元気になってきた。一人暮らしを続けたい

「居宅サービス計画書 第2表」部分

長期目標	短期目標	サービス内容	サービス種別
在宅生活が継続できる	病状の悪化を防ぐ。異常が早期に発見できる	①病状管理、服薬管理 ②介護指導 ③主治医への連絡 ④通院	訪問看護、家族
病状が悪化せず痛みがコントールされる	現在の体力が維持できる。痛みが増強しない。褥瘡の予防	①きちんと服薬する ②定期受診をする ③体調管理、疼痛時の対応 ④介護相談、介護指導 ⑤福祉用具レンタル(ベッド、エアマットレス、リクライニング車椅子)	訪問看護、福祉用具貸与
知人、緩和ケアナース、介護支援専門員、病院MSWの連携で自宅で過ごす	痛みがコントロールされる。食事摂取量を維持する	病状悪化時の連携体制(知人、緩和ケアナース、病院MSW)	ケアマネジャー、知人、緩和ケアナース、病院MSW
家族とともに穏やかに過ごす	痛みや苦しさが和らいで穏やかに過ごす。看護師が訪問することで在宅療養が続けられる	①健康チェック ②介護相談 ③医師との連携 ④褥瘡予防	通所リハビリテーション、訪問看護
家族とともに穏やかに過ごす	痛みや苦しさが和らいで穏やかに過ごす。看護師が訪問することで在宅療養が続けられる	①健康チェック ②訪問診療、緩和治療 ③介護相談、療養指導 ④デスエデュケーション	訪問診療(医療保険)
家族とともに穏やかに過ごす	痛みや苦しさが和らいで穏やかに過ごす。看護師が訪問することで在宅療養が続けられる	①健康チェック ②訪問診療、緩和治療 ③介護相談、療養指導 ④医師との連携 ⑤デスエデュケーション ⑥清拭、衣服交換、褥瘡予防	訪問看護、家族
安楽に移動し、姿勢を保つことができる	安全に移動、移乗する。安楽に臥床できる。褥瘡を予防する	移動・移乗時の介助	通所リハビリテーション
安楽に移動し、姿勢を保つことができる	安全に移動、移乗する。安楽に臥床できる。褥瘡を予防する	福祉用具レンタル(ベッド、マットレス、介助バー)	福祉用具貸与

が見えると、意外と楽に作成できるものです。

長期目標	短期目標	サービス内容	サービス種別
体力の低下を防ぎ、病状が安定する。意欲の低下を防ぐ	風邪を予防する。服薬を守る	定期通院、服薬管理	医療機関、家族、本人
体力の低下を防ぎ、病状が安定する。意欲の低下を防ぐ	食事をきちんととる	配食サービス	福祉サービス

課題分析標準項目別文例集

*状態が同じものは一番上に一つだけ入っています

標準分析項目	原因	状態	ニーズ・課題
特別な状況〈医療連携〉	再生不良性貧血	病識もありきちんと服薬、定期通院を守っている。再生不良性貧血で通院加療中。寛解期だが病状が急激に悪化する可能性がある	少しずつ元気になってきた。一人暮らしを続けたい
特別な状況〈医療連携〉	糖尿病	食事療法は守れない。近所の店で総菜を購入して食べる生活。インスリンを注射しているから食べたいものを食べている。訪問看護による医療管理を要する	糖尿病はわかっている。今まで我慢したからこれからは食べたいものを食べる
特別な状況〈医療連携〉	糖尿病		糖尿病はわかっている。今まで我慢したからこれからは食べたいものを食べる
特別な状況〈医療連携〉	糖尿病、慢性呼吸不全、神経因性膀胱	在宅酸素、人工呼吸、インスリン療法、廃用症候群。車椅子自走はできない。起き上がり、立ち上がり、移乗、更衣、排泄等すべてに介助を要する。認知症のため理解力がない	親子二人の生活を続けたい
特別な状況〈医療連携〉	糖尿病、慢性呼吸不全、神経因性膀胱		親子二人の生活を続けたい
特別な状況〈医療連携〉	糖尿病、慢性呼吸不全、神経因性膀胱		親子二人の生活を続けたい
特別な状況〈医療連携〉	糖尿病、慢性呼吸不全、神経因性膀胱		親子二人の生活を続けたい
特別な状況〈医療連携〉	糖尿病、慢性呼吸不全、神経因性膀胱		親子二人の生活を続けたい
特別な状況〈医療連携〉	糖尿病、慢性呼吸不全、神経因性膀胱		親子二人の生活を続けたい
特別な状況〈医療連携〉	糖尿病、慢性呼吸不全、神経因性膀胱		親子二人の生活を続けたい

「居宅サービス計画書 第2表」部分

長期目標	短期目標	サービス内容	サービス種別
体力の低下を防ぎ、病状が安定する。意欲の低下を防ぐ	趣味や脳トレーニングを楽しむ	健康チェック、脳トレーニング、レクリエーション活動	通所介護
血糖コントロールを継続する	訪問看護支援でインスリン注射と服薬を継続する。ヘルパー支援で定期通院する	①インスリン注射 ②服薬管理、定期受診 ③病院看護師との連携 ④主治医への連絡 ⑤療養指導、総菜購入の助言 ⑥定期受診介助	訪問看護、病院外来看護師
血糖コントロールを継続する	ヘルパー支援で定期通院する	定期検診・定期受診介助	訪問介護
在宅生活が継続できる。介護負担の軽減ができる	呼吸状態の悪化を防ぐ	①定期的な医師の診察 ②服薬管理、呼吸状態の管理 ③療養相談	訪問診療、居宅療養管理指導
在宅生活が継続できる。介護負担の軽減ができる	呼吸状態の悪化を防ぐ	在宅酸素の管理、医師への連絡	在宅酸素供給事業所
在宅生活が継続できる。介護負担の軽減ができる	血糖がコントロールされる	①定期的な医師の診察、服薬管理、インスリン注射 ②留置カテーテル管理、交換 ③血糖の管理 ④療養相談	訪問診療、居宅療養管理指導
在宅生活が継続できる。介護負担の軽減ができる	血糖がコントロールされる	①服薬管理、インスリン注射 ②留置カテーテル管理、交換 ③血糖の管理 ④療養相談 ⑤主治医、通所リハビリテーション、ケアマネジャー、薬剤師への連絡	訪問看護
在宅生活が継続できる。介護負担の軽減ができる	褥瘡ができない	定期的な医師の診察、服薬管理、療養相談	訪問診療、居宅療養管理指導
在宅生活が継続できる。介護負担の軽減ができる	褥瘡ができない	主治医、通所リハビリテーション、ケアマネジャー、薬剤師への連絡	訪問看護
在宅生活が継続できる。介護負担の軽減ができる	褥瘡ができない	介護ベッド・手すり・エアマットレス・車椅子のレンタルとメンテナンス	福祉用具貸与

課題分析標準項目別文例集

＊状態が同じものは一番上に一つだけ入っています

標準分析項目	原因	状態	ニーズ・課題
特別な状況〈医療連携〉	統合失調症	統合失調症で入退院繰り返す。うつ状態で半年入院。在宅生活を再開。服薬・精神的支援や日常の助言、見守りを要する	服薬・精神的支援や日常の助言、見守りを要する
特別な状況〈医療連携〉	統合失調症		服薬・精神的支援や日常の助言、見守りを要する
特別な状況〈医療連携〉	パーキンソン病	パーキンソン病末期状態で四肢筋固縮、関節拘縮し、すべてにおいて全介助状態で、胃ろう造設している	寝たきりでも一緒に食事ができなくても娘と（母と）この家で暮らしたい。穏やかに在宅生活を続けたい
特別な状況〈医療連携〉	パーキンソン病		寝たきりでも一緒に食事ができなくても娘と（母と）この家で暮らしたい。穏やかに在宅生活を続けたい
特別な状況〈医療連携〉	パーキンソン病		寝たきりでも一緒に食事ができなくても娘と（母と）この家で暮らしたい。穏やかに在宅生活を続けたい
特別な状況〈医療連携〉	進行性難病	進行性の難病。医療福祉制度利用や病状、進行状況に即した介護指導が必要	病気のことがよくわからない。どんな制度があるかもわからず、お金もかかる。教えてほしい
特別な状況〈医療連携〉	慢性呼吸不全、気管支喘息で在宅酸素療法中。大腿骨頸部骨折	呼吸不全、心不全で疲れやすいが、着替えや食事、ベッドの上がり、更衣動作は自分ですることができる	着替えや更衣、ポータブルトイレの上り降りは自分でしたい
特別な状況〈医療連携〉	慢性呼吸不全、気管支喘息で在宅酸素療法中。大腿骨頸部骨折		着替えや更衣、ポータブルトイレの上り降りは自分でしたい
特別な状況〈医療連携〉	慢性呼吸不全、気管支喘息で在宅酸素療法中。大腿骨頸部骨折		着替えや更衣、ポータブルトイレの上り降りは自分でしたい
特別な状況〈医療連携〉	介護者が外国人	認知症、糖尿病など複数の病気を持つ夫を介護している。妻が日本語を読めないため介護に関する社会的情報が乏しい	夫の介護を継続するために介護に関する情報の提供や専門職による療養相談、病状悪化時の連携をつくる必要がある
特別な状況〈医療連携〉	介護者が外国人		夫の介護を継続するために介護に関する情報の提供や専門職による療養相談、病状悪化時の連携をつくる必要がある

「居宅サービス計画書 第2表」部分

長期目標	短期目標	サービス内容	サービス種別
精神的に安定することで在宅生活を継続できる	きちんと通院する。公共交通機関を利用して通院する	①服薬管理、療養相談 ②精神的支援(本人の話をよく聞く) ③主治医、MSWとの連携	訪問看護、家族、医療機関、ケアマネジャー
精神的に安定することで在宅生活を継続できる	きちんと通院する。公共交通機関を利用して通院する	①レクリエーション・趣味活動 ②本人の話をよく聞く	通所介護、家族
娘との生活を継続できる	肺炎の再発を防止する。胃ろうトラブルを防ぐ。円滑に胃ろう注入ができる。褥瘡を予防する	①健康チェック、内服管理、送迎時の施錠確認 ②胃ろう管理、胃ろう注入 ③褥瘡予防、療養相談、医師、サービス提供事業者との連携 ④病状管理	訪問診療、訪問看護
娘との生活を継続できる	介護動作の負担が軽減される	①病状管理 ②福祉用具レンタル(介護ベッド、エアマットレス、車椅子、手すり、スロープ)	福祉用具貸与
娘との生活を継続できる	送迎時家族不在でも安心して送迎できる	送迎時の施錠確認、サービス提供事業者との連携	通所リハビリテーション、通所介護
病状に関しての知識やそれに即した介護方法を知る	病状について相談できるよう医療機関と相談体制が整う	主治医、MSWとの連絡体制づくり	訪問看護
心不全、呼吸状態の悪化を防ぐ	体調管理を行う	①呼吸状態と体調の管理 ②褥瘡の早期発見と再発予防 ③在宅酸素管理 ④服薬、栄養管理、療養相談 ⑤主治医、他事業者との連携	医療機関、在宅酸素供給事業所
心不全、呼吸状態の悪化を防ぐ	呼吸状態、在宅酸素の管理を行う	呼吸状態と体調の管理、在宅酸素管理	在宅酸素提供事業所
心不全、呼吸状態の悪化を防ぐ	風邪の予防。食事摂取量を維持する	①服薬管理 ②療養相談 ③訪問看護報告書、主治医連絡票の提出	訪問看護
介護に必要な情報を得ることができ、体調や介護について常に相談できる	訪問看護、主治医連絡票を通して日常生活を伝え、的確な治療が継続できる	①服薬管理 ②療養相談 ③訪問看護報告書、主治医連絡票の提出	医療機関MSW、訪問看護
介護に必要な情報を得ることができ、体調や介護について常に相談できる	必要な時は適宜訪問して話を聞く	①療養相談 ②訪問看護報告書、主治医連絡票の提出	ケアマネジャー

課題分析標準項目別文例集

健康状態 ADL IADL 認知 コミュニケーション能力 社会とのかかわり 排尿・排便 褥瘡・皮膚の問題 口腔衛生・口腔ケア 食事摂取 介護力 居住環境 特別な状況〈虐待〉 特別な状況〈ターミナルケア〉 特別な状況〈医療連携〉 特別な状況〈経済状況〉

課題分析標準項目別文例集

＊状態が同じものは一番上に一つだけ入っています

標準分析項目	原因	状態	ニーズ・課題
特別な状況〈経済状況〉	**ポイント** ①世帯の収入はどの程度でしょうか。 ②年金は？ ③介護に費やせる費用はどの程度でしょうか。 ④経済的困窮によりサービス利用を控えていることはありませんか？ ⑤将来への不安を感じていませんか？		
特別な状況〈経済状況〉	本人と息子が経済苦、認知症、全身状態の衰弱	社会的閉じこもりの息子が本人の年金で生活しており、必要なサービス利用や治療を拒否する	介護者との人間関係づくりと並行して、本人の身体状況の確認を通して緊急時の対応や介護指導を行う必要がある
特別な状況〈経済状況〉	認知症	昨年詐欺被害に遭う。記憶障害があり1年前のことを昨日のことと混同する。身なりも乱れるようになる。服薬管理、金銭管理ができない。意欲の低下もありぼんやり過ごすことが多い	風邪気味と言って1カ月以上入浴しておらず身体清潔に関して介助を要する
特別な状況〈経済状況〉	認知症	短期記憶障害があり、5分前のことも忘れる。同じ物をたくさん買い込んだり、夫の薬を一度に大量に飲んだりする	日中認知症の夫と二人でおり、家族は心配している。日常生活に見守りを要する
特別な状況〈経済状況〉	低所得者	年金3万5000円。必要なサービスを利用するお金がない。食事が満足に食べられない	在宅生活を継続するために必要な社会資源を確保することができる

「居宅サービス計画書　第2表」部分

長期目標	短期目標	サービス内容	サービス種別
介護者と距離感を持ちながら訪問、意思疎通ができるようになる	本人にとって必要なサービスを1日も早く利用できるようになる。病状悪化時に即対応できるよう連携体制が整う	訪問看護、病院MSW、地域包括支援センター、短期入所生活介護、介護保険施設への打診や連絡	ケアマネジャー、地域包括支援センター
風呂に入るのはあまり好きではないし、洗っている途中で忘れてしまうから手伝ってもらいながら安心して風呂に入りたい	安全に定期的に清潔の保持ができる	①入浴の声かけ、誘導、洗身の介助　②衣服着脱時の声かけおよび見守り　③水分補給	通所介護
日常生活のリズムが整う	日常生活リズムができ、気分転換や物忘れの進行を防止する	脳トレを兼ねたレクリエーション活動や他利用者との交流	通所介護
食事・医療面での支払い費用を確保する	スティグマを感じることなく、所得援助を受けることができる	生活資金貸付制度	社会福祉協議会

コラム

地域での役割

　群馬県の桐生市にある日限地蔵尊には、毎月24日にお地蔵様の縁日が開かれる。参道は終日車両通行止めになり、花や植木、海産物、その他日用品、たい焼きなどの露店が数十件、境内には、パン、豆腐、和菓子、川エビなどの食べ物の出店が立ち並ぶ。ヨガ教室、無料のお茶のご用意も。

　そんな縁日は、どこからこれだけと思われるほどの大勢のお年寄りでいっぱいになる。近隣の福祉施設から送迎車に乗って来場されるご一行もあれば、近所の方々が連れだって歩いてくるなどいろいろである。そして、皆思い思いに店に立ち寄り、生き生きと買い物を楽しむ。名物土産の日限もち、お地蔵様御姿飴も登場し、場は一気に盛り上がる。

　そして、その縁日に集う人たちの、ちょっと昂揚した感じの表情。笑みを浮かべながら、きょろきょろする楽しげなお年寄りの表情をみて、見ている方が幸せな気持ちになってしまう。

　人は地域で生きている。その地域の中で長年暮らす中で、たくさんの習慣、大切にしてきていることをそれぞれに持っている。

　地域包括ケアの推進という大きな流れの中で、自助、共助、互助、公助を意識したケアプラン作成が望まれている。さて、その中で、私たちはどれだけ目の前の利用者が暮らす地域の歴史、そこでの利用者の長年の暮らし、経験してきた役割、習慣、大切にしてきたことに着目しているだろうか。その人が地域でどういうつながりを作り、活躍してきたのか、何を楽しみに毎日を過ごしてきたのかを知ろうとしていただろうか。

　利用者一人一人の「地域での長い暮らし」という小説があるとすれば、ケアマネジャーはその最終章に出てくるほんの脇役に過ぎない。そのことを自覚し、相手と相手が暮らしてきた地域から学ぶ姿勢を持つことが、今求められているように感じる。

ケアプラン文例集

●

サービス種別文例集

課題分析標準項目別で出した文例を、
サービスの種類ごとにまとめて並べ変えました。
複数のサービスがあるものについては、
それぞれに入っています。

サービス種別文例集

*状態が同じものは一番上に一つだけ入っています

標準分析項目	原因	状態	ニーズ・課題
短期入所生活介護	**ポイント** 短期入所生活介護を効率よく利用し、家族の介護負担の軽減を図るようにしましょう。短期入所生活介護は、サービス事業所ごとに、利用者の受け入れ態勢が異なります。①医療依存度の高い利用者でも受け入れ可能か、②経管栄養・インシュリン注射を必要とす			
短期入所生活介護●●●● 認知	アルツハイマー型認知症	10年前アルツハイマー病と診断される。徘徊傾向で病状は穏やかに進行する。風邪薬の服薬をきっかけに妄想や幻覚が出現するため、妻は漢方薬を飲ませて予防している	これ以上物忘れがひどくならないようにしたい(これからも家で生活したい)
短期入所生活介護●●●● 認知	認知症	不安神経症。怒りっぽく、妻に対して暴力をふるっている	妻に暴力をふるうため、日常生活のリズムづくりや気分転換、内服調整を要する
短期入所生活介護●●●● 介護力	認知症	介護保険サービスが上限を超え、経済的負担が大きい中で一生懸命介護されている	これからも家族皆で暮らしたい
短期入所生活介護●●●● 特別な状況〈虐待〉	認知症	30分おきにトイレに行きたいと言う。息子はその希望をできる限りかなえようとするが、疲労が増している	介護者(息子)自身、毎晩眠れておらず、衰弱している。休息したい思いがある
短期入所生活介護●●●● 特別な状況〈虐待〉	認知症	介護者の暴言暴力。顔や腕にあざや打撲痕が経常的にある。本人は「孫とやりまして」と言う	介護者(孫、不登校14歳)が、認知症の進行が理解できず「言うことをきかない」からと手をあげている。自分の感情を抑えきれない。専門医の治療を要する
短期入所生活介護●●●● 特別な状況〈虐待〉	認知症	介護者による身体的虐待。手や足、腰、背中に打撲痕あり。「何もかもできなくなってしまう母親が情けない」。自分で面倒をみるつもりでいると話す	事実確認とリスクの把握
短期入所生活介護●●●● 特別な状況〈虐待〉	家族不和	幼少時の育児放棄があり、娘は施設で育つ。母親を許せず、母がそこにいることがストレスになっている。部屋のふすまや障子が壊れるくらい暴れる	娘のカウンセリングと家族機能が回復するよう支援を要する
短期入所生活介護●●●● 特別な状況〈ターミナルケア〉	卵巣がん	卵巣がん末期	食べる量も減ってきたし衰弱している。できるだけ家にいさせてやりたい
短期入所生活介護●●●● 特別な状況〈ターミナルケア〉	胆のうがん、老衰	胆のうがん、老衰	皆でおばあちゃんを看取ろうと思っている

「居宅サービス計画書　第2表」部分　＊複数のサービスがあるものは、同じものですがそれぞれに入っています。

る場合はどうかなどあらかじめ確認するようにします。また、①食事の選択が可能か、②持ち物はどうか、③送迎サービスがあるか、④栄養加算はどうか、また、⑤利用にあたっての主治医からの意見書の必要の有無などもあらかじめ確認しておくことが大切です。

長期目標	短期目標	サービス内容	サービス種別
認知症状の進行を防ぐ	規則正しい毎日を送る。意欲の低下を防ぐ。介護負担の軽減ができる	①認知症予防トレーニング、個別機能訓練　②服薬管理、定期受診　③短期入所生活介護（食事、入浴等の生活介護）	通所リハビリテーション、短期入所生活介護
穏やかに、苛立ちが少なく過ごす（暴力をふるわない）	介護負担の軽減ができる	短期入所生活介護	短期入所生活介護
在宅介護を継続できる	短期入所生活介護を利用することで介護者の疲労が回復する	他利用者との交流、短期入所生活介護	短期入所生活介護
介護者（息子）の睡眠、休息の確保	本人が適切な介護体制を確保する	息子さん、本人が不安にならないように、自宅近隣の施設での短期入所生活介護	短期入所生活介護
孫への精神的支援、専門職からのフォローのすすめ	本人が安心して過ごせる支援体制やサービスを整える	地域包括支援センター、介護保険課の支援、介護保険施設、子育て支援室との連携	短期入所生活介護
本人の安全を確保する	安心して過ごすことができる	短期入所生活介護	短期入所生活介護
本人、娘家族が別々の場所で過ごすことで精神的なストレスを軽減し、娘の家族機能が1日も早く回復する	娘が自分の家族だけで過ごす時間を確保する	短期入所生活介護から早期入所の相談、手続き	地域包括支援センター、ケアマネジャー、短期入所生活介護、特養入所担当者
1日でも長く家族とともに過ごす	介護負担の軽減ができる。病状の悪化を防ぐ	①短期入所生活介護一般（入浴、更衣、食事、移動・移乗時の介助等）　②緩和ケア	短期入所生活介護、定期通院
家族皆が心に残る看取りができる	病状が悪化しない。褥瘡の予防。介護負担の軽減	①健康管理、主治医との連絡　②介護相談・指導　③おむつ交換、陰部清拭　④定期診療、服薬管理　⑤短期入所生活介護　⑥福祉用具レンタル（ベッド、マットレス、車椅子、スロープ）	訪問看護、在宅訪問診療、家族、短期入所生活介護、福祉用具貸与

サービス種別文例集

*状態が同じものは一番上に一つだけ入っています

標準分析項目	原因	状態	ニーズ・課題
通所介護	**ポイント** 通所介護サービスは ①本人の社会参加の場の確保、②生活の張りの確保、③生活リズムの確保、④栄養の確保、⑤必要な介護体制の確保、などのほか、⑥家族の介護負担の軽減、⑦家族の休息時間の確保等の目標を達成する手段として有効です。また、事業所ごとに、利用者の受け入れ態勢、また、サービスメニューなど異なるため、そうした細かな規		
通所介護●●●●●●● 健康状態	不眠	毎日眠れない。昼夜逆転になりそう	毎日安心して眠れる
通所介護●●●●●●● 健康状態	うつ病	うつ病のため清潔観念が低下しており、入浴していない	定期的に入浴の声かけと、介助を要する
通所介護●●●●●●● 健康状態	認知症	買い物依存症なのか、高価な物を購入し何度もクーリングオフするが懲りない。息子が同居を提案するがこの地を離れたくないと一人暮らしを続けている。地域で見守っている	一人暮らしを続けるには家事支援、日常生活の見守り支援、詐欺等に遭わないように地域包括支援センターと連携した支援を要する
通所介護●●●●●●● 健康状態	パーキンソン病	パーキンソン病末期状態で四肢筋固縮、関節拘縮し、すべてにおいて全介助状態で、胃ろう造設している	寝たきりでも一緒に食事ができなくても娘と（母と）この家で暮らしたい。穏やかに在宅生活を続ける
通所介護●●●●●●● 健康状態	統合失調症	統合失調症で入退院を繰り返す。高齢者専用住宅で生活を再開。服薬・精神的支援や日常の助言、見守りを要する	高齢者専用住宅でこれからも生活を続けたい。服薬を守り、安定した精神状態で過ごす
通所介護●●●●●●● 健康状態	再生不良性貧血	病識もあり、きちんと服薬、定期通院を守っている。再生不良性貧血で通院加療中。寛解期だが急性転化し、病状が急激に悪化する可能性がある	病状が急激に悪化する可能性があり、服薬や体調管理を要する
通所介護●●●●●●● 健康状態	慢性呼吸不全、気管支喘息、大腿骨頸部骨折	在宅酸素療法中。慢性心不全もあり疲れやすい	ここ（自宅）にいるのが一番落ち着く。家族も皆本人の思うように過ごさせてやりたいと希望している
通所介護●●●●●●● 健康状態	大腿骨骨折後	自立した生活を送っていたが転倒して大腿骨頸部骨折し、入院する。入院による体力、栄養状態、筋力の低下がある	体力も落ちたし先のことを考えると、一人でやっていけるか心配
通所介護●●●●●●● 健康状態	変形性膝関節症	変形性膝関節症のため、加重時や歩行時に痛みがある。下肢筋力の低下もあり、歩行状態は不安定	リハビリを続け、下肢筋力をアップすることで膝周囲の筋力をつけ、痛みの悪化を軽減する必要がある

「居宅サービス計画書 第2表」部分 *複数のサービスがあるものは、同じものですがそれぞれに入っています。

定についてもあらかじめ情報を得る必要があります。①受け入れ態勢：どの程度の重度の利用者まで受け入れ可能か、車椅子対応が可能か、入浴はどうか、食事については塩分制限・糖尿病食・腎臓病食の選択が可能か、エリアの制約はあるか。②サービスメニュー：毎日異なるサービスメニューを持っているのか、季節の行事は行っているのかなど

長期目標	短期目標	サービス内容	サービス種別
良い眠りを得る	日中太陽光を浴び、明るい部屋で過ごし、適度に運動する	レクリエーション活動、外出	通所介護
安全に入浴する	皮膚の清潔が保持できる	①入浴介助（洗身、洗髪、更衣）②皮膚の観察、軟膏塗布	通所介護
一人暮らしを続ける	通所介護で気分転換ができる。日常生活で見守りを得る	①健康チェック ②他利用者やスタッフとの交流 ③レクリエーション活動や行事の参加 ④緊急時の支援体制	訪問介護、通所介護、地域包括支援センター、町会、民生委員、ケアマネジャー
娘との生活を継続できる	肺炎の再発を予防。胃ろうトラブルを防止。円滑に胃ろう注入ができる。褥瘡を予防する。介護動作の負担を減らす	①健康チェック、服薬管理 ②胃ろう管理、胃ろう注入 ③褥瘡予防、療養相談、医師・サービス提供事業者との連携、病状管理 ④福祉用具レンタル（介護ベッド、エアマットレス、車椅子、手すり、スロープ）	訪問診療、通所リハビリテーション、通所介護、訪問看護、福祉用具貸与
精神的に安定することで、高齢者専用住宅での生活を継続できる	きちんと服薬、通院する。よく眠る。気分転換する。公共交通機関を利用して通院する。通院時自分の体調や精神症状、服薬状況を医師に伝えられる	①服薬管理、療養相談、精神的支援（本人の話をよく聞く）②主治医、MSWとの連携 ③レクリエーション・趣味活動	訪問看護、ケアマネジャー、通所介護、家族、医療機関
意欲、体力が低下せず、病状が安定する	食事をきちんと食べる。趣味や脳トレーニングを楽しむ	①食事、健康チェック ②脳トレーニング ③レクリエーション活動	通所介護
穏やかに楽しみのある毎日を過ごす	楽しみある時間を過ごす。気分転換する。趣味活動を通して意欲を向上する	①レクリエーション活動や家族以外の人との交流 ②趣味活動	通所介護、通所リハビリテーション
ケアハウスでの生活が継続できる	体力や意欲が回復し、毎日を楽しむ	個別機能訓練、筋力アップトレーニング、趣味活動、日常生活の支援	通所介護（生活相談員）
下肢筋力をつけ、膝の痛みの悪化を防止する	歩行や立ち上がり時の膝の痛みが軽減する	①ホットパック、メドマーの利用 ②簡単なエクササイズ ③定期通院	通所介護、家族

サービス種別文例集

*状態が同じものは一番上に一つだけ入っています

標準分析項目	原因	状態	ニーズ・課題
通所介護●●●●●●●● ADL	パーキンソン病	機械浴レベルの身体状況で、入浴動作のすべてに介助を要する	一人での入浴が難しい。安心して入浴できるようにしたい
通所介護●●●●●●● ADL	脳梗塞後遺症	日中独居となる。転倒等への不安を感じている	介護者(娘)が受診する間、一人で留守番をすることに不安がある
通所介護●●●●●●●● 認知	アルツハイマー型認知症	顕著な記憶障害と警戒心が強く、介入拒否が続いた。毎日近所の医院で朝から夕方まで過ごす。通所介護の利用を開始する	物忘れもあって不安もあるが、一人暮らしを続けたい
通所介護●●●●●●●● 認知	アルツハイマー型認知症	アリセプトを服用中。暴言、妄想があり入院。現在は落ち着いている	おしゃべり等しながら楽しく過ごしたい
通所介護●●●●●●●● 認知	若年性認知症	認知症の進行は顕著にあり、記憶障害による不安感が強く、感情が不安定で手がつけられない時がある。IADLは低下し、本人の不安状態が著しい	頭の中がもやもやとする。どうしていいのかわからない。これからも家族と過ごしたいと思っている
通所介護●●●●●●●● 認知	認知症	認知症のために日常生活のリズムが崩れている	日常生活のリズムをつくることで認知症の進行を予防する
通所介護●●●●●●●● 認知	認知症	短期記憶障害があり、5分前のことも忘れている。同じ物をたくさん買い込んだり、夫の薬を一度に大量に飲んだりする	日中認知症の夫と二人でおり、家族は心配している。日常生活に見守りを要する
通所介護●●●●●●●● 認知	認知症	認知症による意欲の低下があり、閉じこもり状態で下肢の浮腫や暴言等がある。薬を飲まず、失禁、入浴拒否がある	服薬、清潔の保持ができる
通所介護●●●●●●●● 認知	認知症	記憶障害が顕著にあり、家事や金銭、服薬管理ができない。本人は認知症の夫の介護も家事も完璧に行っていると言うが、実際はいつ炊いたのかわからないご飯を食べていたり、近所の人が食事を運んでいる。急性胃腸障害と脱水で入院を何度もしている。近所からも苦情が寄せられている	日常生活の見守りや家事援助、栄養管理を要する。夫婦たっての望みの二人暮らしで、地域や息子、娘の協力で在宅生活を継続する

「居宅サービス計画書 第2表」部分 ＊複数のサービスがあるものは、同じものですがそれぞれに入っています。

長期目標	短期目標	サービス内容	サービス種別
安全に安楽に入浴できる	定期的に入浴できる。皮膚の清潔が保持できる。皮膚トラブル悪化を予防する（胃ろう周囲）	①入浴介助（洗身、更衣、リハビリパンツ交換、フットケア）　②水分補給　③皮膚の観察	通所リハビリテーション、通所介護、訪問看護、家族
娘の不在時には、リハビリを兼ねて通所介護を利用する	娘がいなくても安心できるような体制をとる	通所介護の利用	通所介護
物忘れの悪化を防ぐ	通所介護に慣れ、穏やかに過ごす時間を共有する。気分転換ができる	①他利用者やスタッフとの交流、オルゴール療法、タクティールケア、フットケア、入浴、食卓をともに囲み語らう　②病状管理、服薬指導	通所介護
穏やかなメリハリのある毎日を送る	気分転換ができる場所を確保する	他利用者との交流や会話、レクリエーション活動、行事の参加	通所介護
意欲の低下を防ぎ、楽しみのある日常を過ごす	規則正しい毎日を継続する。介護負担が軽減できる。不安状態が軽減される	①回想法を取り入れた脳トレーニング　②レクリエーション活動　③服薬管理、定期受診　④主治医との連携	通所介護、医療機関
通所介護に通って会話やお出かけなど皆と一緒に楽しむ	気の合う仲間をつくり、楽しい時間を過ごす	レクリエーション活動や行事の参加、他利用者やスタッフとの交流	通所介護
日常生活のリズムが整う	日常生活のリズムがつき、気分転換や物忘れの進行を防止する。誤飲を防止する	脳トレを兼ねたレクリエーション活動や他利用者との交流、見守られた環境で過ごす	通所介護
日常生活のリズムを整えるために必要な支援を確保できる	日常生活のリズムに必要な介護、支援が確保される。きちんと服薬する	①脳トレを兼ねたレクリエーション活動や他利用者との交流　②服薬管理、入浴介助	通所介護、訪問看護
夫婦で現在の生活を継続する	通所介護を通して日常生活の見守りがなされる	①脳トレを兼ねたレクリエーション活動や他利用者との交流　②通所介護での健康チェック	通所介護

サービス種別文例集

*状態が同じものは一番上に一つだけ入っています

標準分析項目	原因	状態	ニーズ・課題
通所介護●●●●●●●● 認知	認知症	記憶障害が顕著にあり、家事や金銭、服薬管理ができない。本人は認知症の夫の介護も家事も完璧に行っていると言うが、実際はいつ炊いたのかわからないご飯を食べていたり、近所の人が食事を運んでいる。急性胃腸障害と脱水で入院を何度もしている。近所からも苦情が寄せられている	日常生活の見守りや家事援助、栄養管理を要する。夫婦たっての望みの二人暮らしで、地域や息子、娘の協力で在宅生活を継続する
通所介護●●●●●●●● 認知	認知症	記憶障害があり、1年前のことを昨日のことと混同する。身なりも乱れるようになる。服薬管理、金銭管理ができない。意欲の低下もあり、ぼんやり過ごすことが多い	風邪気味と言って1カ月以上入浴しておらず、身体清潔に関して介助を要する
通所介護●●●●●●●● 認知	認知症	高齢の夫と二人暮らし。骨粗しょう症のため通院加療中。数年前に転倒し右大腿骨転子部骨折。この5年間転倒は繰り返しているが大事には至っていない。認知症は進行傾向で日常の様々な面で介護や声かけを要する。危険回避についての判断ができない	更衣、排泄、日課の遂行に介助を要する
通所介護●●●●●●●● 認知	認知症	交通事故による脳外傷、硬膜下血腫、高次脳機能障害	日常生活のすべてにおいて介助や声かけや見守りを要する
通所介護●●●●●●●● 認知	認知症	入浴の着替えを用意することができない	通所介護に必要な衣服、下着、内服薬の準備に介助を要する
通所介護●●●●●●●● 認知、排尿・排便	認知症	認知症のため失禁がある。便で下着が汚れていても気がつかない	排泄の声かけが必要
通所介護●●●●●●●● 認知	認知症、糖尿病	日に何度もコンビニに行き、甘い物を大量に購入して食べるため血糖コントロールができない	食事管理と間食予防のための見守りや介助を要する
通所介護●●●●●●●● コミュニケーション能力	難聴	他者の言葉が聞き取りにくい	他者からの問いかけを正確に聞き取りたい
通所介護●●●●●●●● コミュニケーション能力	脳血管障害	会話の速さに理解が追いつかない	高次聴覚中枢における情報処理能力の低下がある

「居宅サービス計画書 第2表」部分　＊複数のサービスがあるものは、同じものですがそれぞれに入っています。

長期目標	短期目標	サービス内容	サービス種別
夫婦で現在の生活を継続する	息子による金銭管理、家族の支え、配食サービスの利用で精神状態、栄養状態が改善される	①配食サービス、息子の金銭管理、娘の毎朝の電話による精神的支え　②安否確認、ケアマネジャーの不定期訪問による生活状況の確認、通所介護での健康チェック	福祉サービス、家族、ケアマネジャー、通所介護
定期的に入浴する	安全に定期的に清潔の保持ができる	①入浴の声かけ、誘導、洗身の介助　②衣服着脱時の声かけと見守り、水分補給	通所介護または訪問介護
穏やかに楽しみのある時間を過ごす。転倒を防ぐ	気分転換をしながら、他者の見守りのある中で過ごす	①通所介護利用者、職員との交流　②レクリエーション活動や行事の参加　③定期受診、服薬の管理	通所介護、家族
病を抱えながらも、前向きに暮らす	意欲の低下を防ぎ、気分転換ができる。適切なケアを確保する	①他者との交流　②レクリエーション活動への参加	通所介護
ヘルパー支援で通所介護に必要な物を用意することができる	通所介護に必要な物を持参することができる	通所介護の用意（衣服、下着、タオル、内服薬、連絡帳）、送迎時に荷物確認	訪問介護、通所介護
適宜声かけして気持ち良く排泄できる環境を整える	排泄の声かけをする	本人の様子に注意し、さりげない声かけ、尿とりパッド・紙パンツ交換	訪問介護、通所介護
血糖値が安定する	食事療法を守る。インスリン注射を継続。甘い物の購入を控える	①インスリン注射　②服薬管理、定期受診　③買い物への対応	通所介護、家族、コンビニ店
聞こえづらいことを他者にわかってもらう	正確に一音一音意識して話してもらう	通所介護利用時のコミュニケーション上の注意	通所介護スタッフ
他者との会話を理解できるようにする	ゆっくり話し、人にもゆっくり話してもらうようにする	聞き逃し、聞き間違いの予防、確認	通所介護スタッフ

サービス種別文例集

*状態が同じものは一番上に一つだけ入っています

標準分析項目	原因	状態	ニーズ・課題
通所介護●●●●●●●● 社会とのかかわり	パーキンソン病	薬が切れると、全身が動かなくなってしまう	動けないが楽しみを持ちたい
通所介護●●●●●●●● 社会とのかかわり	認知症	認知症のために日常生活のリズムが崩れている	認知症予防のために生活リズムを整えたい
通所介護●●●●●●●● 社会とのかかわり	廃用症候群、閉じこもり	体力の低下に伴い気持ちの張りが薄れている状態	通所リハビリテーションや通所介護に通って、会話やレクリエーション等皆と一緒に楽しみたい
通所介護●●●●●●●● 排尿・排便	閉じこもり、腰痛、変形性膝関節症、巻き爪	筋力低下、膝の痛みがあり、一人で入浴することができない	筋力低下、膝の痛みがあり、浴槽の出入りや立ち、座り、洗身に介助を要する
通所介護●●●●●●●● 褥瘡・皮膚の問題	認知症	認知症のために体の洗い方がわからない	入浴時に洗い方を指示する必要がある
通所介護●●●●●●●● 褥瘡・皮膚の問題	うつ病	うつ病による意欲、体力の低下	浴槽をまたぐことや洗身は疲れてしまうため、介助を要する
通所介護●●●●●●●● 褥瘡・皮膚の問題	うつ病	生活観念が低く、入浴や尿とりパッド交換、尿臭に無頓着	定期的な入浴や尿とりパッド、衣服交換に介助を要する
通所介護●●●●●●●● 褥瘡・皮膚の問題	心不全	労作時の息苦しさや疲れやすさで身体負担が重い	身体負担を軽くした清潔保持を要する
通所介護●●●●●●●● 褥瘡・皮膚の問題	慢性呼吸不全	労作時の息苦しさや疲れやすさがある	風呂は大好き。疲れるけど湯船に入りたい
通所介護●●●●●●●● 口腔衛生	認知症	介護拒否があり、歯磨きをさせてくれない。口臭が強い	義歯洗浄とうがいが必要
通所介護●●●●●●●● 特別な状況〈虐待〉	認知症	介護者が暴力をふるう。手や足、腰、背中に打撲痕やつねられた痕がある。「言うことを聞かない母親に腹が立つ」。自分で面倒をみるつもりでいると話す	本人が安全に安心して過ごす場を確保する必要がある。介護負担の軽減も要する
通所介護●●●●●●●● 特別な状況〈医療連携〉	再生不良性貧血	病識もありきちんと服薬、定期通院を守っている。再生不良性貧血で通院加療中。寛解期だが病状が急激に悪化する可能性がある	少しずつ元気になってきた。一人暮らしを続けたい

「居宅サービス計画書 第2表」部分 ＊複数のサービスがあるものは、同じものですがそれぞれに入っています。

長期目標	短期目標	サービス内容	サービス種別
全介助であっても家族以外の人と交流することで意欲の低下を防ぐ	気分転換ができる	レクリエーション活動を楽しむ	通所リハビリテーションまたは通所介護
日常生活のリズムをつくることで認知症の進行を予防する	通所介護に通って会話やお出かけなど皆と一緒に楽しみたい	レクリエーション活動や行事の参加、他利用者やスタッフとの交流	通所介護
楽しみのある時間を過ごし、意欲の低下を防ぐ	気分転換ができる	①レクリエーション活動、脳トレーニング、他利用者との交流 ②健康チェック ③服薬管理、定期受診	通所リハビリテーション、通所介護、家族
安全に入浴する。皮膚の清潔が保持ができる	安心して入浴する。皮膚の清潔が保持できる。全身の血行が良くなる	①入浴介助（洗身、洗髪、更衣） ②皮膚の観察、軟膏塗布	通所介護または通所リハビリテーション
不安なく入浴できる	自分でできる入浴動作を継続できる	洗身の声かけ、介助	通所介護
短い時間で入浴する	皮膚の清潔が保持できる。気分転換できる	洗身の介助、疲労感の観察と声かけ	通所介護
安全に入浴する。皮膚の清潔が保持できる	定期的に入浴できる。皮膚の清潔の保持ができる	入浴介助（洗身、洗髪、更衣）、尿とりパッド交換、皮膚の観察、軟膏塗布	通所介護
身体に負担がかからないように入浴する	機械浴を利用して身体負担を軽減する。皮膚の清潔が保持できる	機械浴	通所介護
身体負担を軽減しながら入浴できる	本人の楽しみが継続できる。皮膚の清潔が保持できる	機械浴	通所介護
通所介護での食事の後、口腔内の清潔を保持し、感染を防ぐ	本人の機嫌を確認しながら声かけし、口腔ケアを試みる	うがいと義歯洗浄	通所介護
安全に安心して過ごすことができる	日中必要なケアを受けることができる	通所介護	通所介護
体力の低下を防ぎ、病状が安定する。意欲の低下を防ぐ	趣味や脳トレーニングを楽しむ	健康チェック、脳トレーニング、レクリエーション活動	通所介護

サービス種別文例集

＊状態が同じものは一番上に一つだけ入っています

標準分析項目	原因	状態	ニーズ・課題
通所介護●●●●●●●● 特別な状況 〈医療連携〉	統合失調症	統合失調症で入退院繰り返す。うつ状態で半年入院。在宅生活を再開。服薬・精神的支援や日常の助言、見守りを要する	服薬・精神的支援や日常の助言、見守りを要する
通所介護●●●●●●●● 特別な状況 〈医療連携〉	パーキンソン病	パーキンソン病末期状態で四肢筋固縮、関節拘縮し、すべてにおいて全介助状態で、胃ろう造設している	寝たきりでも一緒に食事ができなくても娘と（母と）この家で暮らしたい。穏やかに在宅生活を続けたい
通所介護●●●●●●●● 特別な状況 〈経済状況〉	認知症	昨年詐欺被害に遭う。記憶障害があり1年前のことを昨日のことと混同する。身なりも乱れるようになる。服薬管理、金銭管理ができない。意欲の低下もありぼんやり過ごすことが多い	風邪気味と言って1カ月以上入浴しておらず身体清潔に関して介助を要する
通所介護●●●●●●●● 特別な状況 〈経済状況〉	認知症	短期記憶障害があり、5分前のことも忘れる。同じ物をたくさん買い込んだり、夫の薬を一度に大量に飲んだりする	日中認知症の夫と二人でおり、家族は心配している。日常生活に見守りを要する

通所リハビリテーション

ポイント ①リハビリの評価についてはどのような方法で行っているのか、②きちんとしたリハビリ計画がたてられているのか、③その評価・効果についてもきちんとしたフィードバックがあるかなど確認します。

標準分析項目	原因	状態	ニーズ・課題
通所リハビリテーション● 健康状態	うつ病	食欲不振が著しく歩行も困難となり入院する。入院当初は食事摂取量も少なく意欲、体力ともにない状況だったが、徐々に食事摂取量も増加し、退院する	筋力をつけて安心して立ったり歩いたりしたい
通所リハビリテーション● 健康状態	うつ病		家から出るのもいいと思うし気晴らしもしたほうがいいと思っている
通所リハビリテーション● 健康状態	認知症	認知症のため物忘れがあり、同じことを何度も言う。息子家族と同居。日中は一人になる	本人は畑も気になると言うが、認知症の進行があり、日中一人では過ごせず見守りを要する
通所リハビリテーション● 健康状態	パーキンソン病	パーキンソン病末期状態で四肢筋固縮、関節拘縮し、すべてにおいて全介助状態で、胃ろう造設している	寝たきりでも一緒に食事ができなくても娘と（母と）この家で暮らしたい。穏やかに在宅生活を続ける
通所リハビリテーション● 健康状態	パーキンソン病、骨折、意欲低下	パーキンソン病は薬調整し経過は緩やか。骨折後リハビリを行い、歩行器レベルまで回復する。糖尿病は血糖コントロール良好	通所リハビリテーションに通って、会話やお出かけなど皆と一緒に楽しみたい

「居宅サービス計画書　第2表」部分　＊複数のサービスがあるものは、同じものですがそれぞれに入っています。

長期目標	短期目標	サービス内容	サービス種別
精神的に安定することで在宅生活を継続できる	きちんと通院する。公共交通機関を利用して通院する	①レクリエーション・趣味活動　②本人の話をよく聞く	通所介護、家族
娘との生活を継続できる	送迎時家族不在でも安心して送迎できる	送迎時の施錠確認、サービス提供事業者との連携	通所リハビリテーション、通所介護
風呂に入るのはあまり好きではないし、洗っている途中で忘れてしまうから手伝ってもらいながら安心して風呂に入りたい	安全に定期的に清潔の保持ができる	①入浴の声かけ、誘導、洗身の介助　②衣服着脱時の声かけおよび見守り　③水分補給	通所介護
日常生活のリズムが整う	日常生活リズムができ、気分転換や物忘れの進行を防止する	脳トレを兼ねたレクリエーション活動や他利用者との交流	通所介護
転倒を防ぐ	杖を使って安全に移動する	①筋力アップ・拘縮予防トレーニング　②移動・移乗時の見守りと介助	通所リハビリテーション
意欲の低下を防ぐ	食事摂取量を維持する	①健康チェック　②服薬管理、定期受診	通所リハビリテーション、家族
日常生活のリズムができ上がる	通所リハビリテーションに慣れる。気分転換ができる	脳トレーニング、レクリエーション活動、他利用者や他スタッフとの交流、園芸療法への参加	通所リハビリテーション
娘との生活を継続できる	肺炎を再発しない。胃ろうトラブルが起きない。円滑に胃ろう注入ができる。褥瘡ができない。介護動作の負担が軽減される	①健康チェック、内服管理　②胃ろう管理、胃ろう注入　③褥瘡予防、療養相談、医師・サービス提供事業者との連携、病状管理　④福祉用具レンタル（介護ベッド、エアマットレス、車椅子、手すり、スロープ）	訪問診療、通所リハビリテーション、通所介護、訪問看護、福祉用具貸与
楽しみのある時間を過ごし意欲の低下を防ぐ	気分転換ができる	①レクリエーションの声かけ、他利用者との交流、健康チェック　②服薬管理、定期受診	通所リハビリテーション、医療機関

サービス種別文例集

*状態が同じものは一番上に一つだけ入っています

標準分析項目	原因	状態	ニーズ・課題
通所リハビリテーション● 健康状態	認知症、糖尿病	一人暮らし。食事療法が守れずインスリンも自己判断で中止し、血糖コントロール不良で入院。認知症もあり、理解力がない	一人暮らしを継続するには医療職による血糖管理を要する。また日常生活のリズムを整える必要がある
通所リハビリテーション● 健康状態	心不全	体調が悪化し入院。体力、筋力の低下がある。一人暮らし	入院による体力、筋力の低下がある。日常生活のリズムの確立と一人暮らし再開の意欲を取り戻す必要がある
通所リハビリテーション● 健康状態	洞不全症候群	洞不全症候群にてペースメーカー挿入。体調が悪化し入院。体力、筋力の低下がある。一人暮らし	入院による体力、筋力の低下がある。日常生活のリズムの確立と一人暮らし再開の意欲を取り戻す必要がある
通所リハビリテーション● 健康状態	慢性呼吸不全、気管支喘息、大腿骨頸部骨折	在宅酸素療法中。慢性心不全もあり疲れやすい	ここ(自宅)にいるのが一番落ち着く。家族も皆本人の思うように過ごさせてやりたいと希望している
通所リハビリテーション● 健康状態	胃がん全摘後	胃がんのために抗がん剤継続服用中。入院、手術による筋力、体力の低下がある	体力、栄養状態、筋力の低下があり、栄養状態アップ、筋力をつけるためのリハビリを要する
通所リハビリテーション● 健康状態	脳梗塞、右片麻痺	数年前脳梗塞発症し右片麻痺、構音障害あり。介護者(夫)と二人暮らし	夫以外の人と交流する機会を持ち、意欲の向上や話す機会を持つ必要がある
通所リハビリテーション● 健康状態	廃用症候群	入院による廃用性の筋力・体力低下がある	体力、筋力を回復させるには継続したリハビリを要する
通所リハビリテーション● ADL	廃用症候群	起き上がり、立ち上がり、移乗に介助を要し、転倒の危険が高い	転倒の危険があり、リハビリをして筋力をつける必要がある
通所リハビリテーション● ADL	廃用症候群		筋力をつけて自分の力で立ち上がりたい
通所リハビリテーション● ADL	廃用症候群	病状悪化による入院で廃用性筋力低下がある	体力と筋力をつけて自力で立ち上がりたい
通所リハビリテーション● ADL	腰椎圧迫骨折	自立歩行するが下肢筋力低下によるふらつきがあり、転倒の危険が高い	下肢筋力低下により転倒の危険があり、リハビリをして筋力をつける必要がある

「居宅サービス計画書　第2表」部分　＊複数のサービスがあるものは、同じものですがそれぞれに入っています。

長期目標	短期目標	サービス内容	サービス種別
糖尿病の悪化を防ぐ。規則正しい日常生活を送る	通所リハビリテーションに休まず通う。趣味活動や脳トレーニングを楽しむ。意欲を保ち、家事ができる。きちんと服薬する	①健康チェック　②脳トレーニング　③レクリエーション活動　④定期通院　⑤服薬管理　⑥配食サービス	通所リハビリテーション、家族、訪問看護、行政一般施策
規則正しい日常生活を送る。体力、意欲が回復する	通所リハビリテーションに休まず通所する。訪問看護による服薬管理できちんと服薬を守る。通院を守る	①健康チェック、筋力アップトレーニング、趣味活動　②定期通院、服薬管理	通所リハビリテーション、家族、訪問看護
病状の悪化を防ぐ。規則正しい日常生活を送る	通所リハビリテーションに休まず通所する。服薬、通院を守る	①健康チェック、筋力アップトレーニング、趣味活動　②定期通院、服薬管理	通所リハビリテーション、家族
穏やかに楽しみのある毎日を過ごす	楽しみある時間を過ごす。気分転換する。趣味活動を通して意欲を向上する	①レクリエーション活動や家族以外の人との交流　②趣味活動	通所介護、通所リハビリテーション
体力、栄養状態、筋力が向上する	体力の維持。食事がきちんととれる。杖を使って歩く	①食事管理、体重管理、個別機能訓練、筋力アップトレーニング　②服薬管理　③定期受診	通所リハビリテーション、家族
メリハリのある生活が送れる	気分転換ができる	①他利用者やスタッフとの交流　②レクリエーション活動　③楽しみある作業療法、行事の参加	通所リハビリテーション
規則正しい日常生活を続ける。通所リハビリテーションに毎日通う	転倒を防ぐ。杖をついてゆっくり歩く	①筋力アップトレーニング　②リハビリ用シューズの選定	通所リハビリテーション、福祉用具購入
筋力をつけて自分の力で立ち上がりたい	ベッド柵、手すりを利用して立ち上がる。手すりを使って安全に移乗する。車椅子を使って安全に移動する	①筋力アップトレーニング、個別機能訓練　②移動・移乗動作の介助　③手すり、車椅子のメンテナンス	通所リハビリテーション、福祉用具貸与、家族
転倒を防ぐ。筋力を維持する	ベッド柵、手すりを利用して立ち上がる。手すりを使って安全に移乗する。車椅子を使って安全に移動する	①筋力アップトレーニング、個別機能訓練　②移動・移乗動作の介助　③車椅子のレンタル　④手すり、車椅子のメンテナンス	通所リハビリテーション、福祉用具貸与
転倒を防ぐ。リハビリを継続し体力、筋力を回復する	安全に安楽に立ち上がる。家具や壁につかまり、介助してもらいながら、食堂、玄関まで歩く	①筋力アップ・拘縮予防トレーニング　②呼吸リハビリ　③福祉用具レンタル（介護ベッド、付属品）	通所リハビリテーション、福祉用具貸与、家族
筋力をつけてしっかり歩きたい。腰痛が改善する	下肢筋力、腰背部の筋力がアップして座位保持、歩行が安定する	筋力アップトレーニング、個別機能訓練	通所リハビリテーション

サービス種別文例集

*状態が同じものは一番上に一つだけ入っています

標準分析項目	原因	状態	ニーズ・課題
通所リハビリテーション ADL	突発性正常圧水頭症	VPシャント術行う。小刻み歩行・すくみ足と歩行障害あり。体が前傾して前方に倒れそうになるので、移動・移乗時見守りや介助を要する	筋力をつけてしっかり歩きたい。腰痛が良くなってほしい。体のこわばりやすくみ足を何とかしたい
通所リハビリテーション ADL	脊柱管狭窄症	下肢の痺れや腰痛があり、長い距離は歩けない	下肢の痺れや腰痛がある。継続したリハビリを要する
通所リハビリテーション ADL	パーキンソン病	機械浴レベルの身体状況で、入浴動作のすべてに介助を要する	一人での入浴が難しい。安心して入浴できるようにしたい
通所リハビリテーション ADL	パーキンソン病	リハビリパンツの交換をしたいができない	介助によりリハビリパンツを交換することで、皮膚の清潔を保持する
通所リハビリテーション ADL	パーキンソン病	関節拘縮・筋固縮が進行しており、リハビリを要する	関節拘縮や筋力のこわばりを和らげたい
通所リハビリテーション ADL	パーキンソン病	パーキンソン病の通院加療中。病状は穏やかだが徐々に進行傾向にあり、内服薬でコントロール中。杖歩行レベル。体の動きが緩慢な時は車椅子使用。パーキンソン病特有の前屈姿勢で筋固縮、すくみ足、突進現象がある。移動、移乗は転倒の危険があり、介護者が見守っている。更衣、入浴、排泄は介助を要する	寝たきりにならないようにリハビリしたい
通所リハビリテーション ADL	洞不全症候群	ペースメーカー挿入。体調が悪化し、入院。体力、筋力の低下がある。一人暮らし	入院による体力、筋力の低下がある。日常生活のリズムの確立と一人暮らし再開の意欲を取り戻す必要がある
通所リハビリテーション ADL	心不全、糖尿病、変形性膝関節症	自宅では寝ている時間が長く、両下肢筋力低下と体力の低下傾向が見られる。また腰部脊柱管狭窄症・変形性膝関節症のために腰痛、加重時の膝の痛みがあり疲れやすい。歩行状態は不安定で転倒の危険が高い。労作時の息苦しさもあり、長い距離を歩くことは身体的に負担になる	筋力低下、膝の痛みがある。転倒の危険があり、リハビリをして筋力をつける必要がある

「居宅サービス計画書 第2表」部分 ＊複数のサービスがあるものは、同じものですがそれぞれに入っています。

長期目標	短期目標	サービス内容	サービス種別
身体能力、筋力を維持する	転倒を防ぐ。歩行器、車椅子を使って安全に移動する。移動・移乗時の介助。ベッドや椅子から安全に起き上がり、立ち上がる	①筋力アップ・拘縮予防トレーニング ②移動・移乗時の介助 ③福祉用具レンタル(介護ベッド、手すり、マットレス、歩行器、車椅子) ④手すりの設置(リビング、トイレ、玄関、玄関アプローチ)	家族、通所リハビリテーション、福祉用具貸与、住宅改修
筋力をつけてしっかり歩きたい。旅行にも行きたい	杖をついてゆっくり歩く。リハビリを続ける	筋力アップトレーニング	通所リハビリテーション
安全に安楽に入浴できる	定期的に入浴できる。皮膚の清潔が保持できる。皮膚トラブル悪化を予防する(胃ろう周囲)	①入浴介助(洗身、更衣、リハビリパンツ交換、フットケア) ②水分補給 ③皮膚の観察	通所リハビリテーション、通所介護、訪問看護、家族
皮膚の清潔を保持し、皮膚トラブルを予防する	清潔なリハビリパンツを着用できる	①失禁の有無、残尿感の確認 ②リハビリパンツの交換、清拭	通所リハビリテーション、訪問介護
可動域制限の悪化を防ぐ。筋肉のこわばりが改善する	筋力低下、拘縮を予防する	個別機能訓練	通所リハビリテーション
転倒を防ぐ	杖を使って安全に移動する。筋力や体力を維持する。難しい時は車椅子を利用する	①日常生活動作訓練、筋力・体力維持訓練、関節可動域訓練、個別機能訓練など ②車椅子レンタル	通所リハビリテーション、家族、福祉用具貸与
病状の悪化を防ぐ。規則正しい日常生活を送る	通所リハビリテーションに休まず通所する。服薬、通院を守る	①健康チェック ②筋力アップトレーニング ③趣味活動 ④定期通院、服薬管理	通所リハビリテーション、医療機関
筋力をつけて歩行状態が安定する	転倒を防ぐ。移動、移乗が安全にできる	日常生活動作訓練、筋力・体力維持訓練、関節可動域訓練、個別機能訓練など	通所リハビリテーション

サービス種別文例集

*状態が同じものは一番上に一つだけ入っています

標準分析項目	原因	状態	ニーズ・課題
通所リハビリテーション● ADL	脳梗塞	脳梗塞を発症し、右片麻痺、構音障害あり。屋外は車椅子を使用。自室からトイレまでは手引き歩行可能。通所リハビリテーションでは歩行器と車椅子を併用している。移乗、移動、更衣、排泄、起き上がり、入浴など生活すべてで介助を要する	日常生活のすべてに介助を要するが、このまま自宅で生活を続けたいと希望している。現在の身体能力の維持を継続する必要がある
通所リハビリテーション● 認知	アルツハイマー型認知症	10年前アルツハイマー病と診断される。徘徊傾向で病状は穏やかに進行する。風邪薬の服薬をきっかけに妄想や幻覚が出現するため、妻は漢方薬を飲ませて予防している	これ以上物忘れがひどくならないようにしたい（これからも家で生活したい）
通所リハビリテーション● 認知	アルツハイマー型認知症	数年前、アルツハイマー型認知症と診断される。記銘力低下は著明で日常生活のすべての面で介助を要する	介護者（妻）は、せっかく病気が良くなったのでこれからも介護を続けたいと思っている
通所リハビリテーション● 認知	アルツハイマー型認知症	数年前、アルツハイマー型認知症と診断される。体力もなく通所リハビリテーション時は唯一本人が摂取する食パンとジャム、ココアを持参し、何とか食事摂取をするよう対応してもらう。現在は改善傾向で食事摂取量も増え、体重も増加している	家族は本人の意向を尊重して在宅での生活を支えたい
通所リハビリテーション● 認知	認知症	認知症の進行は顕著にあり、記憶障害による不安感が強く、感情が不安定。アルコールを多量に摂取する	自分の家で気ままに過ごしたい
通所リハビリテーション● 認知	認知症	食事以外は寝たきりで介護者以外との交流はなく、意欲も低下し、物忘れは緩やかに進行している	意欲の低下は顕著で衣服の乱れや失禁もある。感情の起伏が激しく、介護者は言動に振り回されている。日常のリズムを取り戻すことと介護負担の軽減を要する
通所リハビリテーション● 認知	認知症	家族以外との交流がなく、認知症状も進行傾向にある	日常のリズムを崩したくない。定期的に自宅から出て気分転換することで物忘れの進行を予防する
通所リハビリテーション● 認知	認知症	一人で暮らすことに不安がある	通所リハビリテーションにこれからも通いたい
通所リハビリテーション● 認知	認知症	左大腿骨転子部骨折、右大腿骨頸部骨折の既往がある。リハビリと認知症進行予防目的で通所リハビリテーションに通っている	認知症進行予防のための脳トレや家族以外の人とのかかわりが必要

「居宅サービス計画書 第2表」部分

*複数のサービスがあるものは、同じものですがそれぞれに入っています。

長期目標	短期目標	サービス内容	サービス種別
在宅生活が継続できる	病状の悪化を防ぐ。転倒を防ぐ。身体能力を維持するためにリハビリを行う	①服薬管理、定期受診、病状管理 ②歩行練習、日常生活動作訓練、下肢筋力訓練 ②移動・移乗時の介助、見守り（送迎時、デイフロア内、浴室） ③福祉用具レンタル（介護ベッド、車椅子）	主治医、通所リハビリテーション、福祉用具貸与
認知症状の進行を防ぐ	規則正しい毎日を送る。意欲の低下を防ぐ。介護負担の軽減ができる	①認知症予防トレーニング、個別機能訓練 ②服薬管理、定期受診 ③短期入所生活介護（食事、入浴等の生活介護）	通所リハビリテーション、短期入所生活介護
できるだけ本人のADLを維持し、在宅介護が継続できる	体力、意欲を低下させない。介護負担の軽減ができる。	レクリエーションや頭の体操	通所リハビリテーション
本人の好みを理解し、できる限り意欲的に暮らせるよう環境を整える	体力、意欲を低下させない。介護負担の軽減ができる。本人の意思に沿う通所リハビリテーションを探す	①レクリエーションや頭の体操 ②介護者が休める時間をつくる ③本人が好きな物を持参できる通所リハビリテーションへの参加	通所リハビリテーション
日常生活のリズムが維持される。物忘れが進行しない	気分転換ができる。服薬を守る。飲酒しない	レクリエーション活動、脳トレーニング、他利用者やスタッフとの交流	通所リハビリテーション
意欲の低下を防ぐ。介護負担の軽減ができる	通所リハビリテーションで楽しみのある時間を過ごす	レクリエーション活動、脳トレーニング、他利用者やスタッフとの交流	通所リハビリテーション
楽しみながらリハビリを行い、物忘れの進行を防ぐ	様々な活動に参加して気分転換ができる	レクリエーション活動、脳トレーニング、他利用者やスタッフとの交流	通所リハビリテーション
通所リハビリテーションに通いながら在宅生活が継続できる	認知症状、精神症状の悪化を防ぐ	レクリエーション活動や行事に参加する	重度認知症対応通所リハビリテーション
意欲の低下を防ぐ	気分転換しながら、できる活動を行っていく	他利用者やスタッフとの交流	通所リハビリテーション

サービス種別文例集

＊状態が同じものは一番上に一つだけ入っています

標準分析項目	原因	状態	ニーズ・課題
通所リハビリテーション●認知	認知症	認知症による意欲の低下があり、寝たきりで過ごしている	気持ちが落ち込むこともあるので、日常のリズムに変化を持たせる必要がある
通所リハビリテーション●認知	認知症	不安神経症。怒りっぽく、妻に対して暴力をふるっている	妻に暴力をふるうため、日常生活のリズムづくりや気分転換、内服調整を要する
通所リハビリテーション●認知	ADL低下	廃用症候群から意欲低下の状態	一人では外出できないが、気分転換もしたい
通所リハビリテーション●コミュニケーション能力	失語症	失語症で言葉が出にくい	失語症だが、自分の気持ちを相手にきちんと伝えたい
通所リハビリテーション●社会とのかかわり	パーキンソン病	薬が切れると、全身が動かなくなってしまう	動けないが楽しみを持ちたい
通所リハビリテーション●社会とのかかわり	パーキンソン病	すり足	八幡様の秋祭りに出かけたい
通所リハビリテーション●社会とのかかわり	ADL低下	廃用症候群から意欲低下の状態	一人では外出できないが、気分転換もしたい
通所リハビリテーション●社会とのかかわり	廃用症候群、閉じこもり	体力の低下に伴い気持ちの張りが薄れている状態	通所リハビリテーションや通所介護に通って、会話やレクリエーション等皆と一緒に楽しみたい
通所リハビリテーション●排尿・排便	大腿骨骨折後	下肢筋力、体力の低下があり、浴槽の出入りや入浴で疲れてしまうことに不安がある	安心して風呂に入りたい
通所リハビリテーション●排尿・排便	認知症	認知症のため同じところを何度も洗う。繰り返し洗髪する	認知症のため入浴時の声かけや見守りを要する
通所リハビリテーション●排尿・排便	閉じこもり、腰痛、変形性膝関節症、巻き爪	筋力低下、膝の痛みがあり、一人で入浴することができない	筋力低下、膝の痛みがあり、浴槽の出入りや立ち、座り、洗身に介助を要する
通所リハビリテーション●褥瘡・皮膚の問題	病状悪化、廃用症候群	機械浴レベルで自宅での入浴は困難	いつも清潔にしていたい

「居宅サービス計画書 第2表」部分 ＊複数のサービスがあるものは、同じものですがそれぞれに入っています。

長期目標	短期目標	サービス内容	サービス種別
通所リハビリテーションを利用して気持ちが落ち着くようにする	気分転換ができる	レクリエーション・趣味活動、他利用者やスタッフとの交流	通所リハビリテーション
穏やかに、苛立ちが少なく過ごす(暴力をふるわない)	不安や心悸症状が軽減する。	①レクリエーション活動や脳トレーニング ②定期受診	通所リハビリテーション、家族、地域包括支援センター
楽しみや張りのある生活を送る	通所リハビリテーションに慣れる	レクリエーション活動、他利用者との交流、行事の参加	通所リハビリテーション
自分にできるコミュニケーションの方法を知り、それを行っていく	本人の状況の評価をしつつリハビリを実施していく	評価とリハビリ、その後の自己学習	通所リハビリテーション、自分
全介助であっても家族以外の人と交流することで意欲の低下を防ぐ	気分転換ができる	レクリエーション活動を楽しむ	通所リハビリテーションまたは通所介護
車椅子で八幡様の秋祭りに出かけてみる	座位の時間を3時間はとれるようにする。来年は昔のようにお囃子の太鼓をたたけるように練習する	リハビリ	通所リハビリテーション
楽しみや張りのある生活を送る	通所リハビリテーションに慣れる	レクリエーション活動、他利用者との交流、行事の参加	通所リハビリテーション
楽しみのある時間を過ごし、意欲の低下を防ぐ	気分転換ができる	①レクリエーション活動、脳トレーニング、他利用者との交流 ②健康チェック ③服薬管理、定期受診	通所リハビリテーション、通所介護、家族
安全に安楽に入浴ができる	通所リハビリテーションで安心して入浴できる。皮膚の清潔が保持できる	①浴室内の移動、移乗の介助 ②洗身の介助	通所リハビリテーション
スタッフ介助で安全に入浴する	定期的に入浴し、清潔が保持できる	入浴介助(洗身、更衣、尿とりパッドの交換)	通所リハビリテーション
安全に入浴する。皮膚の清潔が保持ができる	安心して入浴する。皮膚の清潔が保持できる。全身の血行が良くなる	①入浴介助(洗身、洗髪、更衣) ②皮膚の観察、軟膏塗布	通所介護または通所リハビリテーション
安楽に入浴する。保清の手段を確保する	安全に安楽に入浴できる	機械浴	通所リハビリテーション

サービス種別文例集

*状態が同じものは一番上に一つだけ入っています

標準分析項目	原因	状態	ニーズ・課題
通所リハビリテーション● 介護力	認知症	娘さんが献身的に介護しているが協力者もなく、疲労している	疲れはあるが最後まで自宅で介護するつもり。昼間休める時間はほしい(娘)
通所リハビリテーション● 介護力	認知症	介護保険サービスが上限を超え、経済的負担が大きい中で一生懸命介護されている	これからも家族皆で暮らしたい
通所リハビリテーション● 介護力	認知症	老老介護。徘徊あり。目が離せず介護負担は重い	長年連れ添った妻を施設に入れるのがかわいそう。最期まで看取りたい
通所リハビリテーション● 介護力	認知症	記憶障害による不安感が強く、感情が不安定で手がつけられない時がある	通所リハビリテーションでの認知症対応プログラムを利用して精神の安定を図り、家族が接しやすくする必要がある
通所リハビリテーション● 特別な状況 〈ターミナルケア〉	乳がん	乳がん	自分の家で過ごしたい
通所リハビリテーション● 特別な状況 〈ターミナルケア〉	乳がん		だるいし体を動かすのもままならない。楽に横になっていたい
通所リハビリテーション● 特別な状況 〈医療連携〉	パーキンソン病	パーキンソン病末期状態で四肢筋固縮、関節拘縮し、すべてにおいて全介助状態で、胃ろう造設している	寝たきりでも一緒に食事ができなくても娘と(母と)この家で暮らしたい。穏やかに在宅生活を続けたい

福祉用具貸与・購入

ポイント 事業所への評価としては、①サービスの迅速さ、②モニタリングの適切さ、③料金設定の妥当性、などチェックしましょう。また、サービス導入に当たってのアセスメントはじっくりと行い、本人状況と、本人の課題の改善のためにどの福祉用具が有効であるかを

標準分析項目	原因	状態	ニーズ・課題
福祉用具貸与・購入●●● 健康状態	認知症、在宅酸素	認知症の末期で寝たきり。常時介護を要する。息子さん夫婦が協力して介護している。自宅で最期まで介護することを希望される	入院しないで家で過ごさせたい
福祉用具貸与・購入●●● 健康状態	パーキンソン病	パーキンソン病末期状態で四肢筋固縮、関節拘縮し、すべてにおいて全介助状態で、胃ろう造設している	寝たきりでも一緒に食事ができなくても娘と(母と)この家で暮らしたい。穏やかに在宅生活を続ける

「居宅サービス計画書　第2表」部分　＊複数のサービスがあるものは、同じものですがそれぞれに入っています。

長期目標	短期目標	サービス内容	サービス種別
在宅介護を継続することができる	娘さんが一人で過ごす時間を定期的に持つことができる	①入浴介助、リハビリテーション、脳トレーニング、レクリエーション活動　②通所リハビリテーションスタッフとの介護相談	通所リハビリテーション
介護者がリフレッシュし、在宅介護を継続できる	通所リハビリテーションに通い、日常生活のリズムを維持する	レクリエーション活動、脳トレーニング、他利用者との交流	通所リハビリテーション
在宅生活が継続できる。夫の介護負担の軽減ができる	妻を預かってもらえる場所を探す	重度認知症対応型通所リハビリテーションの利用	精神科併設の通所リハビリテーション
家族の精神的負担を軽減する	家族がゆったりする時間を持つことができる	①回想法を取り入れた脳トレーニング　②レクリエーション活動　③服薬管理	通所リハビリテーション
家族とともに穏やかに過ごす	痛みや苦しさが和らいで穏やかに過ごす。看護師が訪問することで在宅療養が続けられる	①健康チェック　②介護相談　③医師との連携　④褥瘡予防	通所リハビリテーション、訪問看護
安楽に移動し、姿勢を保つことができる	安全に移動、移乗する。安楽に臥床できる。褥瘡を予防する	移動・移乗時の介助	通所リハビリテーション
娘との生活を継続できる	送迎時家族不在でも安心して送迎できる	送迎時の施錠確認、サービス提供事業者との連携	通所リハビリテーション、通所介護

吟味し、それをケアプランに適切に表現するようにします。また、これらは、担当者会議において、他の専門職の意見を必ず得るようにし、ケアマネジャー個人の意見ではなく、本人を中心とするチームとしての決定にするように心がけましょう。

長期目標	短期目標	サービス内容	サービス種別
穏やかな毎日を過ごす	病状の悪化を防ぐ。異常の早期発見ができる。褥瘡を予防する	①病状管理（呼吸状態）　②皮膚ケア　③呼吸リハビリ、拘縮予防トレーニング　④介護相談、介護指導　⑤福祉用具レンタル（介護ベッド、車椅子）、購入（補高便座）、メンテナンス　⑥定期受診	訪問看護、訪問リハビリテーション、福祉用具貸与、福祉用具購入、家族
娘との生活を継続できる	肺炎の再発を予防。胃ろうトラブルを防止。円滑に胃ろう注入ができる。褥瘡を予防する。介護動作の負担を減らす	①健康チェック、服薬管理　②胃ろう管理、胃ろう注入　③褥瘡予防、療養相談、医師・サービス提供事業者との連携、病状管理　④福祉用具レンタル（介護ベッド、エアマットレス、車椅子、手すり、スロープ）	訪問診療、通所リハビリテーション、通所介護、訪問看護、福祉用具貸与

113

サービス種別文例集

*状態が同じものは一番上に一つだけ入っています

標準分析項目	原因	状態	ニーズ・課題
福祉用具貸与・購入●●● 健康状態	糖尿病、慢性呼吸不全、神経因性膀胱	在宅酸素、人工呼吸、神経因性排尿障害、インスリン療法、廃用症候群。車椅子での自走はできない。起き上がり、立ち上がり、移乗、更衣、排泄等すべてに介助を要する	生活を続けるには医療チームが連携して病状管理、異常の早期発見、対応を要する
福祉用具貸与・購入●●● 健康状態	脊柱管狭窄症、腰椎圧迫骨折、糖尿病	脊柱管狭窄症で手術し、リハビリして退院するが転倒し、腰椎圧迫骨折する。コルセット装着している。廃用性の筋力低下があり、移動時は夫が見守っている	腰痛、廃用性の筋力低下があり、手すり設置や介護ベッドを要する
福祉用具貸与・購入●●● 健康状態	脳出血、神経因性膀胱	脳出血による右片麻痺、失語症がある。杖歩行し、排泄も自分で行う。妻が入浴介助している	日中一人で過ごしており、立ち上がりに介助や介護用ベッドを要している
福祉用具貸与・購入●●● 健康状態	廃用症候群	入院による廃用性の筋力・体力低下がある	体力、筋力を回復させるには継続したリハビリを要する
福祉用具貸与・購入●●● ADL	廃用症候群	起き上がり、立ち上がり、移乗に介助を要し、転倒の危険が高い	転倒の危険があり、リハビリをして筋力をつける必要がある
福祉用具貸与・購入●●● ADL	廃用症候群		筋力をつけて自分の力で立ち上がりたい
福祉用具貸与・購入●●● ADL	廃用症候群	病状悪化による入院で廃用性筋力低下がある	体力と筋力をつけて自力で立ち上がりたい
福祉用具貸与・購入●●● ADL	両下肢筋力低下、腰椎圧迫骨折	下肢筋力低下と腰痛があり、浴槽をまたぐときや立ち座りに介助を要する	風呂に入れてほしい
福祉用具貸与・購入●●● ADL	両下肢筋力低下、腰椎圧迫骨		風呂に入りたい
福祉用具貸与・購入●●● ADL	骨粗しょう症	腰椎圧迫骨折があり、加重時や立ち座り時に痛みがある。硬性コルセットを装着している	安心して起き上がりたい

「居宅サービス計画書　第2表」部分　＊複数のサービスがあるものは、同じものですがそれぞれに入っています。

長期目標	短期目標	サービス内容	サービス種別
在宅生活が継続できる。介護負担の軽減ができる	褥瘡の予防	介護ベッド、手すり、エアマットレス、車椅子のレンタルとメンテナンス	福祉用具貸与
腰痛の悪化を防ぎ、転倒を予防する	手すりにつかまりゆっくり歩く。ベッドから安全に立ち上がる	手すり設置（廊下、玄関、トイレ、外玄関）、介護ベッドレンタル	住宅改修、福祉用具貸与
転倒を防ぐ	ベッドから安全に立ち上がる	介護ベッドレンタル	福祉用具貸与
規則正しい日常生活を続ける。通所リハビリテーションに毎日通う	転倒を防ぐ。杖をついてゆっくり歩く	①筋力アップトレーニング　②リハビリ用シューズの選定	通所リハビリテーション、福祉用具購入
筋力をつけて自分の力で立ち上がりたい	ベッド柵、手すりを利用して立ち上がる。手すりを使って安全に移乗する。車椅子を使って安全に移動する	①筋力アップトレーニング、個別機能訓練　②移動・移乗動作の介助　③手すり、車椅子のメンテナンス	通所リハビリテーション、福祉用具貸与、家族
転倒を防ぐ。筋力を維持する	ベッド柵、手すりを利用して立ち上がる。手すりを使って安全に移乗する。車椅子を使って安全に移動する	①筋力アップトレーニング、個別機能訓練　②移動・移乗動作の介助　③車椅子のレンタル　④手すり、車椅子のメンテナンス	通所リハビリテーション、福祉用具貸与
転倒を防ぐ。リハビリを継続し体力、筋力を回復する	安全に安楽に立ち上がる。家具や壁につかまり、介助してもらいながら、食堂、玄関まで歩く	①筋力アップ・拘縮予防トレーニング　②呼吸リハビリ　③福祉用具レンタル（介護ベッド、付属品）	通所リハビリテーション、福祉用具貸与、家族
安全に安楽に入浴できる	安心して入浴できる。皮膚の清潔が保持できる。全身の血行がよくなる。手すりを利用して安全に浴槽をまたぐことができる	①洗身・入湯・更衣時の声かけ、介助　②簡易手すりの設置	福祉用具購入、訪問介護
自分のペースで入浴できる	安心して入浴できる。安全に浴槽をまたぐことができる	①入湯・更衣時の声かけ、介助　②簡易手すりの設置	福祉用具貸与、訪問介護
骨粗しょう症の悪化を防ぐ。背、腰の安静が保持できる	安全に起き上がり、立ち上がる	①訪問リハビリテーションによるトレーニング　②福祉用具レンタル（介護ベッド、手すり、マットレス）	訪問リハビリテーション、福祉用具貸与

サービス種別文例集

*状態が同じものは一番上に一つだけ入っています

標準分析項目	原因	状態	ニーズ・課題
福祉用具貸与・購入●●● ADL	突発性正常圧水頭症	起き上がりや移動、移乗の介助が多くなり、介護負担が増えている	介助動作を習得し、介護負担を軽減する必要がある
福祉用具貸与・購入●●● ADL	突発性正常圧水頭症	VPシャント術行う。小刻み歩行・すくみ足と歩行障害あり。体が前傾して前方に倒れそうになるので、移動・移乗時見守りや介助を要する	筋力をつけてしっかり歩きたい。腰痛が良くなってほしい。体のこわばりやすくみ足を何とかしたい
福祉用具貸与・購入●●● ADL	パーキンソン病	パーキンソン病の通院加療中。病状は穏やかだが徐々に進行傾向にあり、内服薬でコントロール中。杖歩行レベル。体の動きが緩慢な時は車椅子使用。パーキンソン病特有の前屈姿勢で筋固縮、すくみ足、突進現象がある。移動、移乗は転倒の危険があり、介護者が見守っている。更衣、入浴、排泄は介助を要する	寝たきりにならないようにリハビリしたい
福祉用具貸与・購入●●● ADL	脳梗塞	脳梗塞を発症し、右片麻痺、構音障害あり。屋外は車椅子を使用。自室からトイレまでは手引き歩行可能。通所リハビリテーションでは歩行器と車椅子を併用している。移乗、移動、更衣、排泄、起き上がり、入浴など生活すべてで介助を要する	日常生活のすべてに介助を要するが、このまま自宅で生活を続けたいと希望している。現在の身体能力の維持を継続する必要がある
福祉用具貸与・購入●●● ADL	脳梗塞後遺症	左足に麻痺があり、引きずってしまう。歩行時不安がある	バスボードから浴槽に入れず、洗い場で転倒したことがあり、不安。すぐに助けが呼べるようにしたい
福祉用具貸与・購入●●● ADL	脳梗塞後遺症	介護者（娘）の不在時の不安が募っている	介護者（娘）が受診する間、一人で留守番をすることに不安がある
福祉用具貸与・購入●●● 認知	認知症	肺炎のための入院により認知症状の進行、筋力、体力の低下がある。更衣・トイレ・入浴等介助を要する。家族は高齢でもあり無理なく過ごさせたいと希望される	入浴や更衣・失禁時の対応は今後も家族で行う意向であり、起き上がりや立ち上がりを安全に行い、介護負担を軽減するために福祉用具が必要
福祉用具貸与・購入●●● 褥瘡・皮膚の問題	脳梗塞後遺症	退院後臀部に発赤ができてしまっている。	褥瘡予防を行う
福祉用具貸与・購入●●● 褥瘡・皮膚の問題	神経難病による筋力低下	全身の筋力低下があり、握力もなく、自力で浴槽をまたぐことはできない	入浴動作全般に介助を要する

「居宅サービス計画書 第2表」部分　＊複数のサービスがあるものは、同じものですがそれぞれに入っています。

長期目標	短期目標	サービス内容	サービス種別
起き上がりや移動、移乗など介助が多くなった。できるだけスムーズに介助ができるようにする	自宅での移動・移乗介助を容易にする。昇降座椅子を利用して安全に立ち上がる	①移動・移乗介助動作指導　②福祉用具レンタル	訪問リハビリテーション、福祉用具貸与
身体能力、筋力を維持する	転倒を防ぐ。歩行器、車椅子を使って安全に移動する。移動・移乗時の介助。ベッドや椅子から安全に起き上がり、立ち上がる	①筋力アップ・拘縮予防トレーニング　②移動・移乗時の介助　③福祉用具レンタル（介護ベッド、手すり、マットレス、歩行器、車椅子）　④手すりの設置（リビング、トイレ、玄関、玄関アプローチ）	家族、通所リハビリテーション、福祉用具貸与、住宅改修
転倒を防ぐ	杖を使って安全に移動する。筋力や体力を維持する。難しい時は車椅子を利用する	①日常生活動作訓練、筋力・体力維持訓練、関節可動域訓練、個別機能訓練など　②車椅子レンタル	通所リハビリテーション、家族、福祉用具貸与
在宅生活が継続できる	病状の悪化を防ぐ。転倒を防ぐ。身体能力を維持するためにリハビリを行う	①服薬管理、定期受診、病状管理　②歩行練習、日常生活動作訓練、下肢筋力訓練　②移動・移乗時の介助、見守り（送迎時、デイフロア内、浴室）　③福祉用具レンタル（介護ベッド、車椅子）	主治医、通所リハビリテーション、福祉用具貸与
何かあった時にすぐに人を呼べるようなシステムを考える	福祉用具の活用や、入浴時の見守り方法を検討する	緊急アラームの設置。できるだけ家族がいる時間に入浴する	福祉用具購入
何かあった時にすぐにSOSが発信できるようなシステムを考える	娘がいなくても安心できるような体制をとる	緊急アラームの設置	福祉用具購入
寝たり起きたりゆったり過ごす	肺炎の再発を防ぐ。ベッドから安全に立ち上がる	①介護ベッドレンタル　②健康管理、口腔ケア	福祉用具貸与、訪問看護
局所の除圧	局所を適切に除圧する	エアマットレスの利用	福祉用具貸与
安全に入浴できる	定期的な福祉用具の利用と介助で不安なく入浴する	入湯・洗身時に、福祉用具を利用して安全にバランスを保持しながら介助する	訪問看護、福祉用具購入

サービス種別文例集

*状態が同じものは一番上に一つだけ入っています

標準分析項目	原因	状態	ニーズ・課題
福祉用具貸与・購入●●● 介護力	認知症	娘さんが献身的に介護しているが協力者もなく、疲労している	疲れはあるが最後まで自宅で介護するつもり。昼間休める時間はほしい（娘）
福祉用具貸与・購入●●● 介護力	認知症	介護保険サービスが上限を超え、経済的負担が大きい中で一生懸命介護されている	これからも家族皆で暮らしたい
福祉用具貸与・購入●●● 介護力	認知症	認知症のため能力がないのに夜間起き出すため、目が離せない	毎晩夜中に起き出し、ベッドの下で転んでいるので、不眠で疲れている
福祉用具貸与・購入●●● 介護力、居住環境	突発性正常圧水頭症	起き上がりや移動、移乗など、できるだけスムーズに介助ができるようになりたい	起き上がりや移動、移乗など介助が多くなり、介護負担が増えている
福祉用具貸与・購入●●● 特別な状況〈ターミナルケア〉	脳腫瘍	脳腫瘍末期	長くないことはわかっている。できるだけ長く家で過ごさせてやりたい
福祉用具貸与・購入●●● 特別な状況〈ターミナルケア〉	膵臓がん	膵臓がん末期	1日でも長く家族と過ごしたい
福祉用具貸与・購入●●● 特別な状況〈ターミナルケア〉	膵臓がん		1日でも長く家族と過ごしたい
福祉用具貸与・購入●●● 特別な状況〈ターミナルケア〉	肺がん	肺がん末期	治療を続けて1日でも長く家族と過ごしたい
福祉用具貸与・購入●●● 特別な状況〈ターミナルケア〉	肺がん		自宅で最期を迎えたいが、家族には負担をかけたくない。できるだけ家で家族と過ごしたい
福祉用具貸与・購入●●● 特別な状況〈ターミナルケア〉	肺がん		1日でも長く家族と過ごしたい

「居宅サービス計画書 第2表」部分　＊複数のサービスがあるものは、同じものですがそれぞれに入っています。

長期目標	短期目標	サービス内容	サービス種別
在宅介護を継続することができる	福祉用具を利用することで介護動作を円滑にする	介護ベッド、手すり、車椅子、スロープのレンタルとメンテナンス	福祉用具貸与
介護者がリフレッシュし、在宅介護を継続できる	介護者の疲労が回復する	介護負担・経済的負担軽減のための制度の活用や案内、福祉用具レンタル	福祉用具貸与、ケアマネジャー
異常に早期に気づき、転倒等の事故を防ぐ。介護負担を軽減する	福祉用具を利用することで介護動作を容易にする。徘徊マットを利用し、異常に早く気づいて事故を予防する	福祉用具レンタル（介護ベッド、手すり、車椅子、徘徊マット）	福祉用具貸与
自宅内の移乗介助や移動動作を習得する	自宅での移動・移乗介助を容易にする。昇降座椅子を利用して安全に立ち上がる	①移動・移乗介助動作指導 ②福祉用具レンタル	訪問リハビリテーション、福祉用具貸与
ベッドから立ち上がりをスムーズに行う	福祉用具を利用することで安楽に過ごすことができる	福祉用具レンタル（ベッド、手すり）	福祉用具貸与
最期の時まで家族とともに穏やかに過ごす	痛みや吐き気が緩和される。訪問看護や主治医が訪問することで在宅療養が継続できる。安楽に入浴する。福祉用具を利用することで安楽に過ごすことができる	①緩和治療 ②緩和ケア ③病状悪化時の対応、医療機関との連携 ④家族指導、デスエデュケーション	訪問診療（医療保険）、訪問看護（医療保険）、家族、訪問入浴、福祉用具貸与
最期の時まで家族とともに穏やかに過ごす	福祉用具を利用することで安楽に過ごすことができる	緩和ケア、福祉用具レンタル	福祉用具貸与
家族とともに穏やかに過ごす	痛みや息苦しさ、咳が緩和される。安楽に臥床することができる	福祉用具レンタル（ベッド、手すり）	福祉用具貸与
痛みをなくす	痛みのコントロールが継続される	①福祉用具レンタル（ベッド、マットレス、手すり） ②病状、服薬等の管理 ③介護相談、指導 ④医療機関との連携 ⑤デスエデュケーション ⑥緩和ケア	福祉用具貸与・購入、訪問看護、訪問診療
家族とともに穏やかに過ごす（家に帰れてよかっと思う）	安楽に過ごす。体力の低下を防ぐ	①服薬管理、定期受診 ②酸素吸入管理 ③介護相談、療養指導 ④医師、医療機関との連携 ⑤デスエデュケーション（本人、家族へ） ⑥福祉用具レンタル（ベッドレスト、サイドガード、介護テーブル）	家族、在宅酸素提供会社、ケアマネジャー、福祉用具貸与

サービス種別文例集

*状態が同じものは一番上に一つだけ入っています

標準分析項目	原因	状態	ニーズ・課題
福祉用具貸与・購入●●● 特別な状況〈ターミナルケア〉	肝臓がん	肝臓がん末期	もう少し自宅で過ごしたい
福祉用具貸与・購入●●● 特別な状況〈ターミナルケア〉	肝臓がん		自宅でも苦痛なく過ごせるようにしたい
福祉用具貸与・購入●●● 特別な状況〈ターミナルケア〉	前立腺がん	前立腺がん末期	痛みが強く起き上がれない。電動ベッドを使って楽に起き上がりたい
福祉用具貸与・購入●●● 特別な状況〈ターミナルケア〉	大腸がん	大腸がん末期	生まれ育ったこの家で最期の時まで過ごしたい
福祉用具貸与・購入●●● 特別な状況〈ターミナルケア〉	胆のうがん、老衰	胆のうがん、老衰	皆でおばあちゃんを看取ろうと思っている
福祉用具貸与・購入●●● 特別な状況〈ターミナルケア〉	大腿骨頭部壊死、白血病	大腿骨頭部壊死、白血病	あまり痛がらずにいる間は自宅で過ごさせてやりたい
福祉用具貸与・購入●●● 特別な状況〈ターミナルケア〉	乳がん	乳がん	だるいし体を動かすのもままならない。楽に横になっていたい
福祉用具貸与・購入●●● 特別な状況〈医療連携〉	糖尿病、慢性呼吸不全、神経因性膀胱	在宅酸素、人工呼吸、インスリン療法、廃用症候群。車椅子自走はできない。起き上がり、立ち上がり、移乗、更衣、排泄等すべてに介助を要する。認知症のため理解力がない	親子二人の生活を続けたい
福祉用具貸与・購入●●● 特別な状況〈医療連携〉	パーキンソン病	パーキンソン病末期状態で四肢筋固縮、関節拘縮し、すべてにおいて全介助状態で、胃ろう造設している	寝たきりでも一緒に食事ができなくても娘と(母と)この家で暮らしたい。穏やかに在宅生活を続けたい

「居宅サービス計画書 第2表」部分 ＊複数のサービスがあるものは、同じものですがそれぞれに入っています。

長期目標	短期目標	サービス内容	サービス種別
安楽に過ごす	痛みや苦痛がコントロールされる	①福祉用具レンタル（ベッド、エアマットレス）　②緩和ケア	福祉用具貸与
最期の時まで家族とともに穏やかに過ごす	福祉用具を利用し、苦痛が緩和される	福祉用具レンタル（ベッド、手すり）	福祉用具貸与
安楽に起き上がることができる	起き上がり時に苦痛が緩和でき、安心して起き上がる。介護負担の軽減ができる	介護ベッドのレンタル	福祉用具貸与
環境を整え、住み慣れた自宅で家族と穏やかに過ごす	褥瘡が治癒する	介護ベッド、エアマットレス、体位変換用具のフィッティング、使い方の指導とメンテナンス	福祉用具貸与
家族皆が心に残る看取りができる	病状が悪化しない。褥瘡の予防。介護負担の軽減	①健康管理、主治医との連絡　②介護相談・指導　③おむつ交換、陰部清拭　④定期診療、服薬管理　⑤短期入所生活介護　⑥福祉用具レンタル（ベッド、マットレス、車椅子、スロープ）	訪問看護、在宅訪問診療、家族、短期入所生活介護、福祉用具貸与
病状が悪化せず痛みがコントロールされる	現在の体力が維持できる。痛みが増強しない。褥瘡の予防	①きちんと服薬する　②定期受診をする　③体調管理、疼痛時の対応　④介護相談、介護指導　⑤福祉用具レンタル（ベッド、エアマットレス、リクライニング車椅子）	訪問看護、福祉用具貸与
安楽に移動し、姿勢を保つことができる	安全に移動、移乗する。安楽に臥床できる。褥瘡を予防する	福祉用具レンタル（ベッド、マットレス、介助バー）	福祉用具貸与
在宅生活が継続できる。介護負担の軽減ができる	褥瘡ができない	介護ベッド・手すり・エアマットレス・車椅子のレンタルとメンテナンス	福祉用具貸与
娘との生活を継続できる	介護動作の負担が軽減される	①病状管理　②福祉用具レンタル（介護ベッド、エアマットレス、車椅子、手すり、スロープ）	福祉用具貸与

サービス種別文例集

＊状態が同じものは一番上に一つだけ入っています

標準分析項目	原因	状態	ニーズ・課題
住宅改修	**ポイント** 住宅改修をする際は、利用者の身体状況を適切に評価をしたうえで行うようにしましょう。また、業者を選定する際には、必ず複数の業者に見積もりを取り、使用木材等の材質、単価、工事費用などを比較し、より適切な業者を選定するようにしましょう。特に最		
住宅改修●●●●●●● 健康状態	脊柱管狭窄症、腰椎圧迫骨折、糖尿病	脊柱管狭窄症で手術し、リハビリして退院するが転倒し、腰椎圧迫骨折する。コルセット装着している。廃用性の筋力低下があり、移動時は夫が見守っている	腰痛、廃用性の筋力低下があり、手すり設置や介護ベッドを要する
住宅改修●●●●●●● ADL	加齢	筋力、バランス力の低下に加え、動作が緩慢	転倒しないようにしたい
住宅改修●●●●●●● ADL	突発性正常圧水頭症	VPシャント術行う。小刻み歩行・すくみ足と歩行障害あり。体が前傾して前方に倒れそうになるので、移動・移乗時見守りや介助を要する	筋力をつけてしっかり歩きたい。腰痛が良くなってほしい。体のこわばりやすくみ足を何とかしたい
住宅改修●●●●●●● ADL	脳梗塞後遺症	左足に麻痺があり、引きずってしまう。歩行時不安がある	廊下から部屋に入る時いつもつまずいてしまうのを何とかしたい
住宅改修●●●●●●● ADL	脳梗塞後遺症		玄関の上がりかまちの40センチがつらい。一人で上り下りができるようにしたい
住宅改修●●●●●●● 排尿・排便	パーキンソン病	スムーズに歩行ができず、トイレに間に合わないことが多い。介助者の妻も本人を抱えるのがつらくなっている	介護者の排尿介助への負担が増している
住宅改修●●●●●●● 居住環境	脊柱管狭窄症	玄関アプローチから玄関まで大きな段差がある	外出しづらい環境にあるが、もっと外に出たい
住宅改修●●●●●●● 居住環境	脊柱管狭窄症、腰椎圧迫骨折	腰痛、下肢筋力低下があり、歩行状態は不安定	廊下、トイレ、玄関、外玄関につかまるものがなく、移動や昇降に不安がある
住宅改修●●●●●●● 居住環境	脳梗塞後遺症	自宅内に段差多い	自宅内の段差をできれば5センチ以下に解消したい
住宅改修●●●●●●● 居住環境	脳梗塞後遺症	室内が狭く、車椅子での移動が困難	室内狭小のため車椅子利用困難

「居宅サービス計画書 第2表」部分

*複数のサービスがあるものは、同じものですがそれぞれに入っています。

近、住宅改修に際して、高額の工事費を請求されるなどの被害にあう高齢者が増加しているとの報告が出ています。ケアマネジャーは、日ごろから地域で営業を行っている事業所へのアセスメントも十分に行う必要があります。

長期目標	短期目標	サービス内容	サービス種別
腰痛の悪化を防ぎ、転倒を予防する	手すりにつかまりゆっくり歩く。ベッドから安全に立ち上がる	手すり設置(廊下、玄関、トイレ、外玄関)、介護ベッドレンタル	住宅改修、福祉用具貸与
転倒しやすい要因を見つけ、改善する	室内の環境を見直す	①階段、段差への手すりの設置 ②浴室など滑りやすい場所への滑り止めマットの設置 ③電気器具、コード類の変更 ④部屋の照明、明るさの検討	住宅改修、家族
身体能力、筋力を維持する	転倒を防ぐ。歩行器、車椅子を使って安全に移動する。移動・移乗時の介助。ベッドや椅子から安全に起き上がり、立ち上がる	筋力、拘縮予防トレーニング。移動・移乗時の介助。福祉用具レンタル(介護ベッド、手すり、マットレス、歩行器、車椅子)。手すりの設置(リビング、トイレ、玄関、玄関アプローチ)	家族、通所リハビリテーション、福祉用具貸与、住宅改修
転倒防止のための対応を考える	1.5センチの段差を解消する	室内と廊下の間の段差の解消	住宅改修
一人で外出できるように上がりかまちの段差を低くする	福祉用具を活用し、上り下りの際の膝の負担を減らす	10センチの階段を4段つけ、また手すりを設置し、階段式に玄関に入れるようにする	住宅改修
本人が自力で排尿できるように環境を整える	社会資源を活用することにより、本人の自立した排尿を支え、介護者の負担を少なくする	住宅改修の実施により、本人が自分でトイレまで行き排尿できるようにする	住宅改修
玄関アプローチから玄関まで1メートルの段差があり、外出しづらい	段差を解消し、自力で外に出られるようにして外出の機会を増やす	屋外エレベーターの設置	住宅改修
自宅内に手すり等を設置する	自宅での移動、移乗を容易にする	手すりの設置	住宅改修
自宅内の段差の解消目標：5センチ以内	使用頻度の多い場所から改修を行う	寝室から廊下、トイレ、玄関の段差解消	住宅改修
車椅子での移動と住居空間への配慮	車椅子の幅と通路や出入口の幅との調整	必要な通路幅の割り出し、確保	住宅改修

サービス種別文例集

*状態が同じものは一番上に一つだけ入っています

標準分析項目	原因	状態	ニーズ・課題
住宅改修●●●●●●●● 居住環境	脳梗塞後遺症	室内の床が滑りやすい	浴室、洗面室など滑りやすくなっている
住宅改修●●●●●●●● 居住環境	リウマチ	ドアの取っ手がつかみにくい	リウマチのため手指に拘縮があり、にぎり式ノブがつかめない
住宅改修●●●●●●●● 居住環境	リウマチ	ドアの開閉がつらい	ドアの開閉がつらい
住宅改修●●●●●●●● 特別な状況〈ターミナルケア〉	多発性骨髄腫	多発性骨髄腫の悪化	貧血もあるし、ふらつくので手すりをつけてほしい

訪問介護

ポイント サービス提供責任者の質は大きなポイントになります。①情報の受け渡しの確実さ、②利用者の状況の把握の適切さ、③その報告の迅速さについてもしっかりと押さえることが必要です。また、ヘルパーの雇用条件、定着率をみると、その事業所のヘルパーがどのような待遇を受けているのか、事業所に大切にされているのか、などがわかってくると思い

標準分析項目	原因	状態	ニーズ・課題
訪問介護●●●●●●●● 健康状態	うつ病	うつ病のため自室を整理、整頓、清掃ができない	自室環境整備や洗濯、声かけに、ヘルパーによる生活支援を要する
訪問介護●●●●●●●● 健康状態	認知症	買い物依存症なのか、高価な物を購入し何度もクーリングオフするが懲りない。息子が同居を提案するがこの地を離れたくないと一人暮らしを続けている。地域で見守っている	一人暮らしを続けるには家事支援、日常生活の見守り支援、詐欺等に遭わないように地域包括支援センターと連携した支援を要する
訪問介護●●●●●●●● 健康状態	認知症	若いころの事故で左上肢に軽い麻痺がある。片付けられず清潔の観念が低い	左手が不自由なので清掃など手伝ってほしい
訪問介護●●●●●●●● 健康状態	パーキンソン病	パーキンソン病。ホンヤールⅢ。内服治療薬による日内変動がある。手指の振戦、すくみ足、突進現象、オンオフが顕著にある	パーキンソン病のため振戦や日内変動があり、家事動作ができず生活支援を要する
訪問介護●●●●●●●● 健康状態	統合失調症	精神科に通院加療中。高脂血症、高血圧等もあり服薬数が多く、服薬の確認を要する。病状は安定しており、きちんと服薬し通院している	自立に向けて食材の買い物をすることでお金の使い方を身につける
訪問介護●●●●●●●● 健康状態	統合失調症	高齢者専用住宅で生活。洗濯は自分でしているが、部屋を片付けることができない。精神的には落ち着いて過ごしている。生活範囲も拡大している	部屋を片付けることが不得手で、声かけや介助等を要する

「居宅サービス計画書　第2表」部分　＊複数のサービスがあるものは、同じものですがそれぞれに入っています。

長期目標	短期目標	サービス内容	サービス種別
転倒事故の防止	浴室、洗面所、トイレの床を表面の粗いものにする	床材の材質の変更	住宅改修
痛みなくドアを開閉できる	ドアノブの交換	ドアノブをレバーハンドルに変更する	住宅改修
痛みなくドアを開閉できる	ドアを引き戸式に変更する	引き戸式ドアへの交換	住宅改修
転倒を防ぐ	手すりにつかまって安全に立ち上がる	手すりの設置	住宅改修

ます。また、ヘルパーの資格取得率の高さも、その事業所のヘルパーのモチベーションの高さを計るうえで、目安になるのではないでしょうか。このように、さまざまな情報を得て、それを分析する中で、どのサービス事業所が良質であるかなどのデータを自分自身の中で積み重ねてみてはどうでしょうか。

長期目標	短期目標	サービス内容	サービス種別
ケアハウスでの生活を続ける	ヘルパー支援で清掃、洗濯、通所介護の準備を行う	洗濯、通所介護の準備、整頓等の声かけ	訪問介護
一人暮らしを続ける	通所介護で気分転換ができる。日常生活で見守りを得る	①健康チェック　②他利用者やスタッフとの交流　③レクリエーション活動や行事の参加　④緊急時の支援体制	訪問介護、通所介護、地域包括支援センター、町会、民生委員、ケアマネジャー
ヘルパー支援で快適な生活空間が維持できる	現在の家事能力を維持することができる。ヘルパー支援で安心して家事ができる	清掃、片付け（居間、台所、トイレ、浴室、玄関）	訪問介護
ヘルパー支援で栄養状態を維持できる	おいしく食事がとれる	調理	訪問介護
買い物の仕方、金銭管理を身につけることができる	弁当に不足しがちな野菜や総菜、果物をヘルパーとともに購入できる	買い物時の同行、購入内容や一度に使う金額の助言	訪問介護
ヘルパー支援で自室の環境整備ができる	快適な部屋で過ごせる	環境整備の助言をし、一緒に行う	訪問介護

サービス種別文例集

＊状態が同じものは一番上に一つだけ入っています

標準分析項目	原因	状態	ニーズ・課題
訪問介護●●●●●●● 健康状態	糖尿病、慢性呼吸不全、神経因性膀胱	在宅酸素、人工呼吸、神経因性排尿障害、インスリン療法、廃用症候群。車椅子での自走はできない。起き上がり、立ち上がり、移乗、更衣、排泄等すべてに介助を要する	生活を続けるには医療チームが連携して病状管理、異常の早期発見、対応を要する。また、介護者の精神的支援が必要
訪問介護●●●●●●● 健康状態	糖尿病	食事療法は守れない。近所の店で総菜を購入して食べる生活。インスリンを注射しているから食べたい物を食べている。訪問看護による医療管理を要する	糖尿病はわかっている。今まで我慢したからこれからは食べたい物を食べる
訪問介護●●●●●●● 健康状態	糖尿病	50歳代から糖尿病指摘される（職場検診）。血糖のコントロールは不良。1日2回のインスリン注射を行う。検査拒否や離棟、買い食いがある。徘徊等認知症の進行や病識もなく、やむなく治療を中断し自己退院となる。インスリン自己注射はできず訪問看護を開始した	食事療法を守ることはできないが、訪問看護によるインスリン注射と服薬管理で血糖コントロール。日常生活指導をすることで病状悪化予防と異常時に早期に対応することができる
訪問介護●●●●●●● 健康状態	糖尿病	糖尿病による慢性腎不全のため透析療法に通っている	透析に通うために介護タクシーを利用したい。体調が良くない日もあり、介助をお願いすることもある
訪問介護●●●●●●● 健康状態	糖尿病	糖尿病は進行性の疾患で今後合併症を発症する可能性もあるが、食事、服薬、定期受診をきちんと守れない	糖尿病のため食事、服薬、定期受診をきちんと守る必要がある
訪問介護●●●●●●● 健康状態	糖尿病、心不全	2型糖尿病のためにインスリン治療中。うっ血性心不全のため労作時に息苦しさがあり、無理はできない。寝たきりで過ごす時間が増えている。一人暮らし	居間や台所の整頓を手伝ってほしい
訪問介護●●●●●●● 健康状態	肺炎	肺炎、尿路感染で入院し、体力、栄養状態が低下する。疲れやすい	体力、栄養状態、筋力は回復傾向にあるが、栄養管理や体力・筋力づくりを継続する必要がある
訪問介護●●●●●●● 健康状態	大腿骨頸部骨折	転倒して右大腿骨転子部骨折し、手術する。リハビリし、歩行器が利用できるまで回復する	歩行器レベルまで回復するが腰痛もあり、自室環境整備や身の回りのことには介助を要する（部屋の片付けや通所リハビリテーションの準備は大変。手伝ってほしい）

「居宅サービス計画書　第2表」部分　＊複数のサービスがあるものは、同じものですがそれぞれに入っています。

長期目標	短期目標	サービス内容	サービス種別
在宅生活が継続できる。介護負担の軽減ができる	尿路感染症の予防	①留置カテーテル管理・交換　②療養相談　③排泄介助　④清拭	訪問看護、訪問介護
血糖コントロールを継続する	訪問看護によるインスリン注射と服薬を継続する。ヘルパー介助で定期通院する	①インスリン注射　②服薬管理、定期受診　③病院看護師との連携　④主治医への連絡　⑤療養指導、総菜購入の助言　⑥定期受診介助	訪問看護、訪問介護、ケアマネジャー
血糖コントロールを継続する	訪問看護によるインスリン注射を継続し、服薬を守る。ヘルパー介助で定期受診する	①インスリン注射　②服薬管理、病院看護師、ヘルパーとの連携　③療養指導、惣菜購入の助言　④定期受診介助、通院等乗降介助	訪問看護、病院看護師、介護タクシー
定期的に透析に通う	介護タクシーを利用して透析に通う	通院等乗降介助	介護タクシー
ヘルパー介助で毎日きちんと食事摂取、服薬ができる。整った環境で生活を送ることができる	バランスの良い食事をとれる。服薬が途切れない	調理、服薬確認、食材や日用品の買い物	訪問介護、家族
整頓された環境で過ごせる	定期的に環境整備ができる。自分でできることはやりたいので、できないことを支援してもらう	①環境整備（居間、寝室、台所、トイレ、浴室）　②安否確認	訪問介護、自分
体力、栄養状態、筋力、意欲が向上する	食事摂取をきちんと行う	調理または食事の確保	訪問介護または配食サービスまたは宅配弁当
自室環境が整い、通所リハビリテーションの準備が整う	自室環境が整い、衣服の収納や寝具の交換ができる。通所リハビリテーションの準備ができる	①自室環境整備　②衣服・寝具交換等の介助　③通所リハビリテーションの服薬準備	訪問介護

サービス種別文例集

*状態が同じものは一番上に一つだけ入っています

標準分析項目	原因	状態	ニーズ・課題
訪問介護●●●●●●● 健康状態	大腿骨骨折後	自立した生活を送っていたが転倒して大腿骨頸部骨折し、入院する。入院による体力、栄養状態、筋力の低下がある	まだ体力が回復していないので掃除や洗濯、買い物など手伝ってほしい
訪問介護●●●●●●● 健康状態	肝硬変非代償期、腎臓がん	腎ろう、肝硬変末期で腹水もある。疲れやすく、終日寝たきりで過ごす。一人暮らし。入院はかたくなに拒否している。低栄養状態が続いている	一人暮らしのため生活支援を要する
訪問介護●●●●●●● 健康状態	くも膜下出血	くも膜下出血の後遺症で左上下肢不全麻痺、高次脳機能障害がある	自分のことや家事など、できることを少しずつ増やしていきたい
訪問介護●●●●●●● ADL	両下肢筋力低下、腰椎圧迫骨折	下肢筋力低下と腰痛があり、浴槽をまたぐときや立ち座りに介助を要する	風呂に入れてほしい
訪問介護●●●●●●● ADL	両下肢筋力低下、腰椎圧迫骨		風呂に入りたい
訪問介護●●●●●●● ADL	パーキンソン病	リハビリパンツの交換をしたいができない	介助によりリハビリパンツを交換することで、皮膚の清潔を保持する
訪問介護●●●●●●● IADL	腰痛	部屋の掃除ができない	1日1回は居室を掃いて清めたい
訪問介護●●●●●●● IADL	腰痛	洗濯物を干す動作が難しい	洗濯物を自分で干したい
訪問介護●●●●●●● 認知	アルツハイマー型認知症	これまではできた家事ができなくなってしまった。すぐに忘れてしまう。1日何度も冷蔵庫を開ける	いつも同じメニューばかり食べている

「居宅サービス計画書 第2表」部分　＊複数のサービスがあるものは、同じものですがそれぞれに入っています。

長期目標	短期目標	サービス内容	サービス種別
ヘルパーやボランティア支援で身の回りのことができる	定期的に洗濯ができる。快適な部屋で過ごせる。生活に必要な物が購入ができる	①洗濯の声かけ、介助　②掃除(居間、トイレ、台所の掃除機かけ、拭き掃除)　③冷蔵庫内の整理　④買い物の代行(本人依頼時)　⑤シーツ交換(本人依頼時)　⑥季節の衣服の交換、整理(本人依頼時)　⑦ごみ出しの準備(本人と一緒にごみ出し時の見守り)　⑧移動スーパーの買い物時の見守り	訪問介護、ボランティア
一人暮らしを継続する	ヘルパーによる生活全般の支援(買い物、清掃、調理)。安否確認ができる。体調不良時に訪問看護に連絡する	買い物、洗濯、清掃、配食サービス	訪問介護、福祉サービス
家族やヘルパーの援助で無理せず家事ができる	ヘルパーと一緒に調理の下ごしらえ、味付け、盛り付けができる。ヘルパー支援で環境整備や洗濯ができる。家族とともに買い物ができるようになる	①調理の下ごしらえと調理中の見守り、後片付け　②環境整備、洗濯の見守りと介助　③買い物に同行	訪問介護
安全に安楽に入浴できる	安心して入浴できる。皮膚の清潔が保持できる。全身の血行がよくなる。手すりを利用して安全に浴槽をまたぐことができる	①洗身・入湯・更衣時の声かけ、介助　②簡易手すりの設置	福祉用具購入、訪問介護
自分のペースで入浴できる	安心して入浴できる。安全に浴槽をまたぐことができる	①入湯・更衣時の声かけ、介助　②簡易手すりの設置	福祉用具貸与、訪問介護
皮膚の清潔を保持し、皮膚トラブルを予防する	清潔なリハビリパンツを着用できる	①失禁の有無、残尿感の確認　②リハビリパンツの交換、清拭	通所リハビリテーション、訪問介護
ほこりのない部屋で暮らす	居室の掃除をする	ほうきで掃く(自分)。週1回、他者に掃除機をかけてもらう	自分、訪問介護
これまでの暮らしを継続する	洗濯物を干す、または乾燥機を活用する	大きな物は物干しに干し、小さな物は乾燥機を使って乾かす	自分、訪問介護
栄養バランスの良い食事をとる	魚、野菜、果物などをバランス良くとるようにする。	できれば自分で調理をする。塩分は控えめに、お酒はほどほどに	訪問介護、家族

サービス種別文例集

*状態が同じものは一番上に一つだけ入っています

標準分析項目	原因	状態	ニーズ・課題
訪問介護●●●●●●●● 認知	認知症	認知症による周辺症状が顕著にあり、約2カ月入院し、内服調整する。現在症状は落ち着いている。更衣・排泄・服薬・食事・入浴・不穏時の対応など細やかな対応と介助をスタッフが行っている	更衣・排泄・服薬・食事・入浴・不穏時の対応など細やかな対応と介助を要する
訪問介護●●●●●●●● 認知	認知症	記憶障害があり、1年前のことを昨日のことと混同する。身なりも乱れるようになる。服薬管理、金銭管理ができない。意欲の低下もあり、ぼんやり過ごすことが多い	風邪気味と言って1カ月以上入浴しておらず、身体清潔に関して介助を要する
訪問介護●●●●●●●● 認知	認知症	一人で入浴することができずつらい。誰かに促してもらいながらお風呂に入りたい	安心してお風呂に入りたい
訪問介護●●●●●●●● 認知	認知症	買い物時に次の動作が思い出せないことがときどきある。そんな時、声かけしてほしい	不安なく買い物ができるようにしたい
訪問介護●●●●●●●● 認知	認知症	同じ物ばかり買ってしまう。冷蔵庫ににんじんが20本あるのにさらに5本買ってきてしまった	以前のように普通に買い物がしたい
訪問介護●●●●●●●● 認知	認知症	入浴の着替えを用意することができない	通所介護に必要な衣服、下着、内服薬の準備に介助を要する
訪問介護●●●●●●●● 認知、排尿・排便	認知症	認知症のため失禁がある。便で下着が汚れていても気がつかない	排泄の声かけが必要
訪問介護●●●●●●●● 認知、排尿・排便	認知症		排泄の声かけが必要
訪問介護●●●●●●●● 褥瘡・皮膚の問題	病状悪化	入浴ができない	安全に入浴ができるようにしたい
訪問介護●●●●●●●● 褥瘡・皮膚の問題	片麻痺	麻痺のため身体バランス保持ができず、転倒の危険が高い	転倒の危険があり、介助を要する
訪問介護●●●●●●●● 口腔衛生	認知症	口腔ケアをいやがる。すぐに手にかみつく	義歯洗浄とうがいが必要

「居宅サービス計画書　第2表」部分　＊複数のサービスがあるものは、同じものですがそれぞれに入っています。

長期目標	短期目標	サービス内容	サービス種別
各日常生活動作において、必要なケアを継続する	声かけ、一部介助などを行いながら、本人の暮らしが成り立つようにする	①更衣の確認、声かけ　②服薬管理　③排泄時誘導、見守り、食事準備、食事介助、入浴の声かけ、誘導	訪問介護
定期的に入浴する	安全に定期的に清潔の保持ができる	①入浴の声かけ、誘導、洗身の介助　②衣服着脱時の声かけと見守り、水分補給	通所介護または訪問介護
定期的に入浴し、清潔を保ち、感染症を防ぐ	他者による促し、見守りにより、安全に入浴が行える	入浴の声かけ、見守り、一部介助	訪問介護
適切な声かけを受けながら買い物に行けるようにする	混乱していることがわかったら、さりげなくサポートしてもらう	スーパーまでの道順、スーパーでの買い物方法、会計の仕方など随時サポートを得る	訪問介護、買い物ボランティア
買い物時、その買い物をする理由をその都度確認する	「今日のメニューは○○でしたよね」など、必要なものを考えることができるようにサポートする	買い物時のコミュニケーション支援	訪問介護、有償ボランティア
ヘルパー支援で通所介護に必要な物を用意することができる	通所介護に必要な物を持参することができる	通所介護の用意（衣服、下着、タオル、内服薬、連絡帳）、送迎時に荷物確認	訪問介護、通所介護
適宜声かけして気持ち良く排泄できる環境を整える	排泄の声かけをする	本人の様子に注意し、さりげない声かけ、尿とりパッド・紙パンツ交換	訪問介護、通所介護
適宜声かけして気持ち良く排泄できる環境を整える	失敗している時には、清拭、尿パッド・紙パンツ・下着交換をする	排泄の声かけ、清拭、尿とりパッド・紙パンツ・下着・衣服交換、洗濯	訪問介護
皮膚を清潔に保ち、感染を防ぐ	入浴における一連の流れと動作の把握と介助	浴室への移動、浴槽への出入り時の介助	訪問介護
転倒を防ぎ、安全に入浴できる	福祉用具を利用して安全に移乗し、浴室内を移動する。入湯時、洗身時にバランスを保持しながら介助する	洗身介助	訪問介護
口腔内の清潔を保持し、感染を防ぐ	本人の機嫌を確認しながら声かけし、口腔ケアを試みる	うがいと義歯洗浄	訪問介護

サービス種別文例集

＊状態が同じものは一番上に一つだけ入っています

標準分析項目	原因	状態	ニーズ・課題
訪問介護●●●●●●● 食事摂取	誤嚥	嚥下時に喉頭が十分に挙上しないため、喉頭蓋の閉鎖が不完全となり、食物が気道へ流入しやすくなる	むせやすい
訪問介護●●●●●●● 食事摂取	摂食不良	食べ物を見ても反応しない、または食べようとしない	食事をとろうとしない
訪問介護●●●●●●● 食事摂取	摂食不良		用意された食事に手を付けない
訪問介護●●●●●●● 食事摂取	摂食不良		一口も食べない
訪問介護●●●●●●● 介護力	認知症	妻が亡くなり一人暮らし。日常生活に必要な家事援助が滞っている	日常生活に必要な家事援助を支援することで一人暮らしを継続する
訪問介護●●●●●●● 居住環境	脊柱管狭窄症	古い家屋で手すり等つかまる所がなく、転倒の危険が高い	古い家で建て替えも勧められているが、今は何とも決められない。何とか自分の部屋は過ごしやすくしたい
訪問介護●●●●●●● 特別な状況 〈ターミナルケア〉	肝臓がん	肝臓がん末期	家族とともに過ごしたい
訪問介護●●●●●●● 特別な状況 〈ターミナルケア〉	卵巣がん	卵巣がん末期	トイレだけは自分で行きたいから、車椅子に移る時に介助して押してほしい
訪問介護●●●●●●● 特別な状況 〈医療連携〉	糖尿病	食事療法は守れない。近所の店で総菜を購入して食べる生活。インスリンを注射しているから食べたいものを食べている。訪問看護による医療管理を要する	糖尿病はわかっている。今まで我慢したからこれからは食べたいものを食べる

訪問看護

ポイント ①緊急時の対応の迅速さ、②主治医との連携のスムーズさなどがポイントになります。また、医療機関とのパイプの高い事業所は、いざというときに利用者の医療サービスへのつなぎがスムーズでもあることから、こうした点についても確認しておくとよいかもし

標準分析項目	原因	状態	ニーズ・課題
訪問看護●●●●●●● 健康状態	認知症、在宅酸素	認知症の末期で寝たきり。常時介護を要する。息子さん夫婦が協力して介護している。自宅で最期まで介護することを希望される	入院しないで家で過ごさせたい

「居宅サービス計画書 第2表」部分 ＊複数のサービスがあるものは、同じものですがそれぞれに入っています。

長期目標	短期目標	サービス内容	サービス種別
本人に適した食形態の食事を提供する	食品ごとに嚥下の状態に合わせて調理する	ミキサー食やとろみ食の検討をする	訪問介護
本人が自ら楽しんで食事ができるようになる	食事を味わうための準備を整える	洗面、手洗い、うがい、メガネ、義歯、補聴器の着用など確認して環境を整える	訪問介護
本人が自ら進んで食事ができるようになる	本人が食べたいメニューを考える	食事に季節感を取り入れる。旬の物を利用する	訪問介護
本人が自ら進んで食べるようになる	メニューを工夫する	献立に地域性、郷土性を取り入れる	訪問介護
居心地の良い自室で過ごす。通所リハビリテーションやごみ出しの準備ができる	自室環境が整う。通所リハビリテーションに必要な物を持参できる。自分でごみ出しができる	環境整備、通所リハビリテーションの準備、ごみ出しの用意	訪問介護または家族
自室環境が整い、安全な生活動線を確保する	ヘルパー支援で定期的に環境整備する	生活支援	訪問介護またはボランティア
さっぱりとして過ごす	痛みを感じることなく適切に介護を受ける	①介護相談　②緩和ケア　③医師、医療機関との連携　④清拭、衣服交換、体位変換	訪問介護
トイレで排泄する	安全に車椅子に移乗し、トイレまで移動する	①車椅子の移乗介助　②トイレへの移動介助　③介護相談	訪問介護
血糖コントロールを継続する	ヘルパー支援で定期通院する	定期検診・定期受診介助	訪問介護

れません。

穏やかな毎日を過ごす	病状の悪化を防ぐ。異常の早期発見ができる。褥瘡を予防する	①病状管理（呼吸状態）　②皮膚ケア　③呼吸リハビリ、拘縮予防トレーニング　④介護相談、介護指導　⑤福祉用具レンタル（介護ベッド、車椅子）、購入（補高便座）、メンテナンス　⑥定期受診	訪問看護、訪問リハビリテーション、福祉用具貸与、福祉用具購入、家族

サービス種別文例集

*状態が同じものは一番上に一つだけ入っています

標準分析項目	原因	状態	ニーズ・課題
訪問看護●●●●●●●● 健康状態	パーキンソン病	パーキンソン病末期状態で四肢筋固縮、関節拘縮し、すべてにおいて全介助状態で、胃ろう造設している	寝たきりでも一緒に食事ができなくても娘と（母と）この家で暮らしたい。穏やかに在宅生活を続ける
訪問看護●●●●●●●● 健康状態	統合失調症	統合失調症で入退院を繰り返す。高齢者専用住宅で生活を再開。服薬・精神的支援や日常の助言、見守りを要する	高齢者専用住宅でこれからも生活を続けたい。服薬を守り、安定した精神状態で過ごす
訪問看護●●●●●●●● 健康状態	糖尿病、慢性呼吸不全、神経因性膀胱	在宅酸素、人工呼吸、神経因性排尿障害、インスリン療法、廃用症候群。車椅子での自走はできない。起き上がり、立ち上がり、移乗、更衣、排泄等すべてに介助を要する	生活を続けるには医療チームが連携して病状管理、異常の早期発見、対応を要する。また、介護者の精神的支援が必要
訪問看護●●●●●●●● 健康状態	糖尿病、慢性呼吸不全、神経因性膀胱		生活を続けるには医療チームが連携して病状管理、異常の早期発見、対応を要する。また、介護者の精神的支援が必要
訪問看護●●●●●●●● 健康状態	認知症、糖尿病	日に何度もコンビニに行き、甘い物を大量に購入して食べるため、血糖コントロールができない。インスリン注射を家族がしている	インスリン注射、服薬管理、間食防止が必要
訪問看護●●●●●●●● 健康状態	認知症、糖尿病	一人暮らし。食事療法が守れずインスリンも自己判断で中止し、血糖コントロール不良で入院。認知症もあり、理解力がない	一人暮らしを継続するには医療職による血糖管理を要する。また日常生活のリズムを整える必要がある
訪問看護●●●●●●●● 健康状態	糖尿病	食事療法は守れない。近所の店で総菜を購入して食べる生活。インスリンを注射しているから食べたい物を食べている。訪問看護による医療管理を要する	糖尿病はわかっている。今まで我慢したからこれからは食べたい物を食べる
訪問看護●●●●●●●● 健康状態	糖尿病	50歳代から糖尿病指摘される（職場検診）。血糖のコントロールは不良。1日2回のインスリン注射を行う。検査拒否や離棟、買い食いがある。徘徊等認知症の進行や病識もなく、やむなく治療を中断し自己退院となる。インスリン自己注射はできず訪問看護を開始した	食事療法を守ることはできないが、訪問看護によるインスリン注射と服薬管理で血糖コントロール。日常生活指導をすることで病状悪化予防と異常時に早期に対応することができる

「居宅サービス計画書 第2表」部分　＊複数のサービスがあるものは、同じものですがそれぞれに入っています。

長期目標	短期目標	サービス内容	サービス種別
娘との生活を継続できる	肺炎の再発を予防。胃ろうトラブルを防止。円滑に胃ろう注入ができる。褥瘡を予防する。介護動作の負担を減らす	①健康チェック、服薬管理　②胃ろう管理、胃ろう注入　③褥瘡予防、療養相談、医師・サービス提供事業者との連携、病状管理　④福祉用具レンタル（介護ベッド、エアマットレス、車椅子、手すり、スロープ）	訪問診療、通所リハビリテーション、通所介護、訪問看護、福祉用具貸与
精神的に安定することで、高齢者専用住宅での生活を継続することができる	きちんと服薬、通院する。よく眠る。気分転換する。公共交通機関を利用して通院する。通院時自分の体調や精神症状、服薬状況を医師に伝えられる	①服薬管理、療養相談、精神的支援（本人の話をよく聞く）　②主治医、MSWとの連携　③レクリエーション・趣味活動	訪問看護、ケアマネジャー、通所介護、家族、医療機関
在宅生活が継続できる。介護負担の軽減ができる	血糖がコントロールできる。褥瘡の予防	①定期的な医師の診察　②服薬管理　③インスリン注射、血糖、呼吸状態の管理　④療養相談	訪問診療、居宅療養管理指導、訪問看護
在宅生活が継続できる。介護負担の軽減ができる	尿路感染症の予防	①留置カテーテル管理・交換　②療養相談　③排泄介助　④清拭	訪問看護、訪問介護
血糖値が安定する	インスリン注射を継続	①インスリン注射　②服薬管理、定期受診	訪問看護、主治医
糖尿病の悪化を防ぐ。規則正しい日常生活を送る	通所リハビリテーションに休まず通う。趣味活動や脳トレーニングを楽しむ。意欲を保ち、家事ができる。きちんと服薬する	①健康チェック　②脳トレーニング　③レクリエーション活動　④定期通院　⑤服薬管理　⑥配食サービス	通所リハビリテーション、家族、訪問看護、行政一般施策
血糖コントロールを継続する	訪問看護によるインスリン注射と服薬を継続する。ヘルパー介助で定期通院する	①インスリン注射　②服薬管理、定期受診　③病院看護師との連携　④主治医への連絡　⑤療養指導、総菜購入の助言　⑥定期受診介助	訪問看護、訪問介護、ケアマネジャー
血糖コントロールを継続する	訪問看護によるインスリン注射を継続し、服薬を守る。ヘルパー介助で定期受診する	①インスリン注射　②服薬管理、病院看護師、ヘルパーとの連携　③療養指導、惣菜購入の助言　④定期受診介助、通院等乗降介助	訪問看護、病院看護師、介護タクシー

サービス種別文例集

*状態が同じものは一番上に一つだけ入っています

標準分析項目	原因	状態	ニーズ・課題
訪問看護●●●●●●● 健康状態	心不全	体調が悪化し入院。体力、筋力の低下がある。一人暮らし	入院による体力、筋力の低下がある。日常生活のリズムの確立と一人暮らし再開の意欲を取り戻す必要がある
訪問看護●●●●●●● 健康状態、褥瘡・皮膚の問題	肝硬変非代償期、腎臓がん	腎ろう、肝硬変末期で腹水もある。疲れやすく終日寝たきりで過ごす。一人暮らし。入院はかたくなに拒否している	肝硬変の進行に伴う低栄養状態で腎ろうラパック周囲の潰瘍を繰り返しており、医療管理を要する
訪問看護●●●●●●● 健康状態	複数の病気	胃潰瘍、糖尿病、腰痛、下肢静脈血栓症、認知症と複数の病気があり、通院をしているが、食事療法を守れない。鎮痛剤による胃潰瘍を繰り返している	複数の病気があり、服薬管理を要する
訪問看護●●●●●●● ADL	骨粗しょう症	腰椎圧迫骨折があり、加重時や立ち座り時に痛みがある。硬性コルセットを装着している	安心して起き上がりたい
訪問看護●●●●●●● ADL	パーキンソン病	機械浴レベルの身体状況で、入浴動作のすべてに介助を要する	一人での入浴が難しい。安心して入浴できるようにしたい
訪問看護●●●●●●● ADL	糖尿病	糖尿病だが食事療法が守れず、過食でHbA1Cが常に高値。感染しやすい。神経障害があり皮膚トラブルの併発を繰り返している	筋力低下、膝の痛みがある。転倒の危険があり、リハビリをして筋力をつける必要がある
訪問看護●●●●●●● 認知	アルツハイマー型認知症	高血圧のため短期記憶障害があり、一度に1週間分の薬を飲んでしまう	服薬管理を要する
訪問看護●●●●●●● 認知	認知症	認知症による意欲の低下があり、閉じこもり状態で下肢の浮腫や暴言等がある。薬を飲まず、失禁、入浴拒否がある	服薬、清潔の保持ができる
訪問看護●●●●●●● 認知	認知症	肺炎のための入院により認知症状の進行、筋力、体力の低下がある。更衣・トイレ・入浴等介助を要する。家族は高齢でもあり無理なく過ごさせたいと希望される	入浴や更衣・失禁時の対応は今後も家族で行う意向であり、起き上がりや立ち上がりを安全に行い、介護負担を軽減するために福祉用具が必要
訪問看護●●●●●●● 排尿・排便	認知症	認知症のため同じところを何度も洗う。繰り返し洗髪する	認知症のため入浴時の声かけや見守りを要する
訪問看護●●●●●●● 褥瘡・皮膚の問題	脳梗塞後遺症	退院後臀部に発赤ができてしまっている	褥瘡予防を行う

「居宅サービス計画書 第2表」部分 ＊複数のサービスがあるものは、同じものですがそれぞれに入っています。

長期目標	短期目標	サービス内容	サービス種別
規則正しい日常生活を送る。体力、意欲が回復する	通所リハビリテーションに休まず通所する。訪問看護による薬管理できちんと服薬を守る。通院を守る	①健康チェック、筋力アップトレーニング、趣味活動 ②定期通院、服薬管理	通所リハビリテーション、家族、訪問看護
一人暮らしを継続する	腎ろうラパック周囲の皮膚管理を継続し再発を防ぐ。再発時に早期に対応する。ステントトラブル時や病状悪化時に早期に対応できる	①病状観察、ステント、腎ろうラパック交換、スキンケア ②病院看護師、主治医との連携	訪問看護
訪問看護師に体調や服薬について相談することで、安心して生活を継続する	きちんと服薬し、定期的に受診する。血糖コントロールできる	服薬管理、病状、日常生活の相談。医師への連絡	定期受診、訪問看護、ケアマネジャー
骨粗しょう症の悪化を防ぐ。背、腰の安静が保持できる	悪化予防のための治療を受ける	骨粗しょう症治療の定期注射、服薬	訪問看護、医療機関
安全に安楽に入浴できる	定期的に入浴できる。皮膚の清潔が保持できる。皮膚トラブル悪化を予防する（胃ろう周囲）	①入浴介助（洗身、更衣、リハビリパンツ交換、フットケア） ②水分補給 ③皮膚の観察	通所リハビリテーション、通所介護、訪問看護、家族
糖尿病へのフォローをする	食事制限、水分制限を守る	DM食提供、水分制限、低血糖時の対応	訪問看護、管理栄養士
高血圧の症状が安定する	処方どおりに服薬が継続できる	①処方薬を分包し、1日分ずつセットする ②定期受診、服薬の確認	薬局、訪問看護
日常生活のリズムを整えるために必要な支援を確保できる	日常生活のリズムに必要な介護、支援が確保される。きちんと服薬する	①脳トレを兼ねたレクリエーション活動や他利用者との交流 ②服薬管理、入浴介助	通所介護、訪問看護
寝たり起きたりゆったり過ごす	肺炎の再発を防ぐ。ベッドから安全に立ち上がる	①介護ベッドレンタル ②健康管理、口腔ケア	福祉用具貸与、訪問看護
広々とした施設の浴室で気持ち良く入浴する	定期的に入浴して、清潔を保持し、全身状態を観察する	入浴介助（洗身、更衣、尿とりパッドの交換）、全身状態の観察	訪問看護
清潔の確保	皮膚を状況観察し、保清を行う	全身観察、保清	訪問看護

サービス種別文例集

*状態が同じものは一番上に一つだけ入っています

標準分析項目	原因	状態	ニーズ・課題
訪問看護●●●●●●●● 褥瘡・皮膚の問題	パーキンソン病末期	パーキンソン病ホンヤールⅣで寝たきりの状態	体温調節ができない。背中にいつも汗をかく。かゆくないようにしたい
訪問看護●●●●●●●● 褥瘡・皮膚の問題	認知症	認知症で寝たきり。失禁により感染しやすい状態	陰部と臀部はきれいにして気持ち良く過ごしたい
訪問看護●●●●●●●● 褥瘡・皮膚の問題	認知症、脱水	低温やけどが原因で臀部、仙骨部に潰瘍がある	毎日のドレッシングケアと栄養管理を要する
訪問看護●●●●●●●● 褥瘡・皮膚の問題	圧迫骨折	腰痛があり、一人で入浴することに不安がある	一人で入浴することに不安があり、見守りを要する
訪問看護●●●●●●●● 褥瘡・皮膚の問題	神経難病による筋力低下	全身の筋力低下があり、握力もなく、自力で浴槽をまたぐことはできない	入浴動作全般に介助を要する
訪問看護●●●●●●●● 褥瘡・皮膚の問題	脱水	食事摂取量の低下による脱水、低栄養状態で浮腫がある。自力で体を動かすことも困難	褥瘡形成のリスクが高い。栄養状態の改善を要する
訪問看護●●●●●●●● 褥瘡・皮膚の問題	糖尿病、低温やけど、認知症	仙骨部に10センチ×10センチの低温やけどがあり、びらん状態	汚染しやすく滲出液もあり、毎日皮膚ケアを要する
訪問看護●●●●●●●● 褥瘡・皮膚の問題	老衰、認知症	老衰のため寝たきり状態	寝たままの状態で安全な入浴をする必要がある
訪問看護●●●●●●●● 口腔衛生	末期がん	意識混濁状態。舌根が沈下しており口腔内が乾燥している	口腔内の乾燥を防ぎ、清潔を保持する
訪問看護●●●●●●●● 食事摂取	摂食不良	食べ物を見ても反応しない、または食べようとしない	自分から進んで食事をとろうとしない
訪問看護●●●●●●●● 介護力	パーキンソン病	介護者が治療方法、病状に理解がない。内服薬を勝手にやめたりする。二者関係よくない	進行性の神経難病であること、治療や症状、対応の仕方を知ることで夫婦関係を改善し、介護の方法を知る必要がある
訪問看護●●●●●●●● 特別な状況〈ターミナルケア〉	肺がん	肺がん末期	治療を続けて1日でも長く家族と過ごしたい

「居宅サービス計画書　第2表」部分　＊複数のサービスがあるものは、同じものですがそれぞれに入っています。

長期目標	短期目標	サービス内容	サービス種別
安全に入浴できる	その日の健康状態（熱、血圧、疲労など）を適切に把握する	入浴介助	訪問看護
陰部、臀部の清潔が保持できる。感染予防ができる	皮膚の清潔が保持できる。尿路感染を予防する	陰部洗浄、おむつ交換	訪問看護
やけどが良くなる。栄養状態が改善する	火傷部の清潔が保持できる。きちんと食べる	①ドレッシングケア、臀部洗浄　②宅配弁当	訪問看護、民間宅配弁当
介助で安心して入浴する	定期的に入浴し皮膚の清潔が保持できる。手すりを使って安全に入湯する	洗身の介助、入湯時の見守り	訪問看護
安全に入浴できる	定期的な福祉用具の利用と介助で不安なく入浴する	入湯・洗身時に、福祉用具を利用して安全にバランスを保持しながら介助する	訪問看護、福祉用具購入
褥瘡ができない。栄養状態、脱水が改善する	きちんと食べる	①清拭、陰部洗浄、フットケア　②療養指導、栄養食の処方	訪問看護、訪問診療
やけどの悪化を防ぐ	やけどが縮小する	やけど処置、予後予測	訪問看護
安全に安楽に入浴できる	定期的に入浴できる。皮膚の清潔を保持し、全身状態を観察する	①清拭、陰部洗浄（病状に応じて）　②入浴介助　③病状観察	訪問看護
口腔内の炎症を防ぐ	口腔内の清潔を保持し感染を防ぐ	口腔ケア	訪問看護
本人が自ら楽しんで食事ができるようになる	食事の環境、本人の身体状況を確認する	食事が本人から見えるように配膳されているか、緑内障や視野狭窄などによる影響はないか確認する	訪問看護
妻が病気に対して理解を高めることができる	訪問看護による細かな説明と相談。レスパイト入院することで気持ちに余裕を持つ	症状の進行に即した細かな説明と療養指導。レスパイト入院	訪問看護、主治医
苦しい状況を取り除く	痛みや息苦しさ、咳が緩和される	①介護相談、療養指導　②医師、医療機関との連携　③デスエデュケーション（本人、家族へ）　④緩和ケア	訪問看護、家族

サービス種別文例集

*状態が同じものは一番上に一つだけ入っています

標準分析項目	原因	状態	ニーズ・課題
訪問看護●●●●●●● 特別な状況 〈ターミナルケア〉	肺がん	肺がん末期	治療を続けて1日でも長く家族と過ごしたい
訪問看護●●●●●●● 特別な状況 〈ターミナルケア〉	肺がん		自宅で最期を迎えたいが、家族には負担をかけたくない。できるだけ家で家族と過ごしたい
訪問看護●●●●●●● 特別な状況 〈ターミナルケア〉	肝臓がん	肝臓がん末期	もう少し自宅で過ごしたい
訪問看護●●●●●●● 特別な状況 〈ターミナルケア〉	前立腺がん	前立腺がん末期	介護者の精神的支援を要する
訪問看護●●●●●●● 特別な状況 〈ターミナルケア〉	大腸がん	大腸がん末期	生まれ育ったこの家で最期の時まで過ごしたい
訪問看護●●●●●●● 特別な状況 〈ターミナルケア〉	腎臓がん	腎臓がん末期	状態が悪くなったら入院と思っているが、本人が望む限り自宅で過ごさせてやりたい
訪問看護●●●●●●● 特別な状況 〈ターミナルケア〉	胆のうがん、老衰	胆のうがん、老衰	皆でおばあちゃんを看取ろうと思っている
訪問看護●●●●●●● 特別な状況 〈ターミナルケア〉	多発性骨髄腫	多発性骨髄腫の悪化	本人が疲れないように風呂に入れてほしい
訪問看護●●●●●●● 特別な状況 〈ターミナルケア〉	多発性骨髄腫		今度入院したら帰れないと思う。それまで面倒をみたい
訪問看護●●●●●●● 特別な状況 〈ターミナルケア〉	大腿骨頭部壊死、白血病	大腿骨頭部壊死、白血病	あまり痛がらずにいる間は自宅で過ごさせてやりたい

「居宅サービス計画書 第2表」部分　＊複数のサービスがあるものは、同じものですがそれぞれに入っています。

長期目標	短期目標	サービス内容	サービス種別
自宅で過ごす	訪問看護によって在宅療養が継続できる	①介護相談、療養指導　②医師、医療機関との連携　③デスエデュケーション(本人、家族へ)　④緩和ケア	訪問看護、家族
痛みをなくす	痛みのコントロールが継続される	①福祉用具レンタル(ベッド、マットレス、手すり)　②病状、服薬等の管理　③介護相談、指導　④医療機関との連携　⑤デスエデュケーション　⑥緩和ケア	福祉用具貸与・購入、訪問看護、訪問診療
安楽に過ごす	痛みや苦痛がコントロールされる	緩和ケア、バイタルサインの観察、主治医への報告	訪問看護
サービス提供事業者間が連携し一貫した精神的支援を行う	鎮痛薬の調整	①主治医との相談　②創処置、療養相談・指導　③緩和ケア	訪問看護
家族と穏やかに過ごす	褥瘡が治癒する。食事摂取量が維持できる。介護負担の軽減	①病状管理、医師との連携　②褥瘡ケア　③緩和ケア　④介護指導、療養相談	訪問看護
小康状態が維持される	食事がとれる。褥瘡の予防	①バイタルサインのチェック、腎ろうの管理　②入浴介助、状況に応じて清拭　③服薬管理　④家族指導　⑤主治医との連携	訪問看護
家族皆が心に残る看取りができる	病状の悪化を防ぐ。褥瘡の予防。介護負担の軽減	①健康管理、主治医との連絡　②介護相談・指導　③おむつ交換、陰部清拭　④定期診療、服薬管理　⑤短期入所生活介護　⑥福祉用具レンタル(ベッド、マットレス、車椅子、スロープ)	訪問看護、在宅訪問診療、家族、短期入所生活介護、福祉用具貸与
安全に安楽に入浴できる	定期的に入浴できる。皮膚の清潔が保持できる	入浴介助(洗身、更衣、浴室までの移動)	訪問看護
在宅生活が継続できる	病状の悪化を防ぐ。異常が早期に発見できる	①病状管理、服薬管理　②介護指導　③主治医への連絡　④通院	訪問看護、家族
病状が悪化せず痛みがコントロールされる	現在の体力が維持できる。痛みが増強しない。褥瘡の予防	①きちんと服薬する　②定期受診をする　③体調管理、疼痛時の対応　④介護相談、介護指導　⑤福祉用具レンタル(ベッド、エアマットレス、リクライニング車椅子)	訪問看護、福祉用具貸与

サービス種別文例集

*状態が同じものは一番上に一つだけ入っています

標準分析項目	原因	状態	ニーズ・課題
訪問看護●●●●●●●● 特別な状況 〈ターミナルケア〉	乳がん	乳がん	自分の家で過ごしたい
訪問看護●●●●●●●● 特別な状況 〈ターミナルケア〉	乳がん		自分の家で過ごしたい
訪問看護●●●●●●●● 特別な状況 〈医療連携〉	糖尿病	食事療法は守れない。近所の店で総菜を購入して食べる生活。インスリンを注射しているから食べたいものを食べている。訪問看護による医療管理を要する	糖尿病はわかっている。今まで我慢したからこれからは食べたいものを食べる
訪問看護●●●●●●●● 特別な状況 〈医療連携〉	糖尿病、慢性呼吸不全、神経因性膀胱	在宅酸素、人工呼吸、インスリン療法、廃用症候群。車椅子自走はできない。起き上がり、立ち上がり、移乗、更衣、排泄等すべてに介助を要する。認知症のため理解力がない	親子二人の生活を続けたい
訪問看護●●●●●●●● 特別な状況 〈医療連携〉	糖尿病、慢性呼吸不全、神経因性膀胱		親子二人の生活を続けたい
訪問看護●●●●●●●● 特別な状況 〈医療連携〉	統合失調症	統合失調症で入退院繰り返す。うつ状態で半年入院。在宅生活を再開。服薬、精神的支援や日常の助言、見守りを要する	服薬・精神的支援や日常の助言、見守りを要する
訪問看護●●●●●●●● 特別な状況 〈医療連携〉	パーキンソン病	パーキンソン病末期状態で四肢筋固縮、関節拘縮し、すべてにおいて全介助状態で、胃ろう造設している	寝たきりでも一緒に食事ができなくても娘と(母と)この家で暮らしたい。穏やかに在宅生活を続けたい
訪問看護●●●●●●●● 特別な状況 〈医療連携〉	進行性難病	進行性の難病。医療福祉制度利用や病状、進行状況に即した介護指導が必要	病気のことがよくわからない。どんな制度があるかもわからず、お金もかかる。教えてほしい
訪問看護●●●●●●●● 特別な状況 〈医療連携〉	慢性呼吸不全、気管支喘息で在宅酸素療法中。大腿骨頸部骨折	呼吸不全、心不全で疲れやすいが、着替えや食事、ベッドの上がり、更衣動作は自分ですることができる	着替えや更衣、ポータブルトイレの上り降りは自分でしたい
訪問看護●●●●●●●● 特別な状況 〈医療連携〉	介護者が外国人	認知症、糖尿病など複数の病気を持つ夫を介護している。妻が日本語を読めないため介護に関する社会的情報が乏しい	夫の介護を継続するために介護に関する情報の提供や専門職による療養相談、病状悪化時の連携をつくる必要がある

「居宅サービス計画書 第2表」部分 ＊複数のサービスがあるものは、同じものですがそれぞれに入っています。

長期目標	短期目標	サービス内容	サービス種別
家族とともに穏やかに過ごす	痛みや苦しさが和らいで穏やかに過ごす。看護師が訪問することで在宅療養が続けられる	①健康チェック ②介護相談 ③医師との連携 ④褥瘡予防	通所リハビリテーション、訪問看護
家族とともに穏やかに過ごす	痛みや苦しさが和らいで穏やかに過ごす。看護師が訪問することで在宅療養が続けられる	①健康チェック ②訪問診療、緩和治療 ③介護相談、療養指導 ④医師との連携 ⑤デスエデュケーション ⑥清拭、衣服交換、褥瘡予防	訪問看護、家族
血糖コントロールを継続する	訪問看護支援でインスリン注射と服薬を継続する。ヘルパー支援で定期通院する	①インスリン注射 ②服薬管理、定期受診 ③病院看護師との連携 ④主治医への連絡 ⑤療養指導、総菜購入の助言 ⑥定期受診介助	訪問看護、病院外来看護師
在宅生活が継続できる。介護負担の軽減ができる	血糖がコントロールされる	①服薬管理、インスリン注射 ②留置カテーテル管理、交換 ③血糖の管理 ④療養相談 ⑤主治医、通所リハビリテーション、ケアマネジャー、薬剤師への連絡	訪問看護
在宅生活が継続できる。介護負担の軽減ができる	褥瘡ができない	主治医、通所リハビリテーション、ケアマネジャー、薬剤師への連絡	訪問看護
精神的に安定することで在宅生活を継続できる	きちんと通院する。公共交通機関を利用して通院する	①服薬管理、療養相談 ②精神的支援(本人の話をよく聞く) ③主治医、MSWとの連携	訪問看護、家族、医療機関、ケアマネジャー
娘との生活を継続できる	肺炎の再発を防止する。胃ろうトラブルを防ぐ。円滑に胃ろう注入ができる。褥瘡を予防する	①健康チェック、内服管理、送迎時の施錠確認 ②胃ろう管理、胃ろう注入 ③褥瘡予防、療養相談、医師・サービス提供事業者との連携 ④病状管理	訪問診療、訪問看護
病状に関しての知識やそれに即した介護方法を知る	病状について相談できるよう医療機関と相談体制が整う	主治医、MSWとの連絡体制づくり	訪問看護
心不全、呼吸状態の悪化を防ぐ	風邪の予防。食事摂取量を維持する	①服薬管理 ②療養相談 ③訪問看護報告書、主治医連絡票の提出	訪問看護
介護に必要な情報を得ることができ、体調や介護について常に相談できる	訪問看護、主治医連絡票を通して日常生活を伝え、的確な治療が継続できる	①服薬管理 ②療養相談 ③訪問看護報告書、主治医連絡票の提出	医療機関MSW、訪問看護

サービス種別文例集

*状態が同じものは一番上に一つだけ入っています

標準分析項目	原因	状態	ニーズ・課題
訪問歯科	**ポイント** 料金設定等が異なりますので、正確に把握するようにしましょう。また、地域の口コミなども重要ですので、できるだけ評判のよい事業所を探すようにしましょう。		
訪問歯科●●●●●●●● 口腔ケア、食事摂取	脳梗塞後遺症	飲み込み時にむせやすい	好きな物をおいしく食べたい
訪問歯科●●●●●●●● 食事摂取	脳梗塞後遺症		飲み込みづらく、食事がつらい
訪問歯科●●●●●●●● 食事摂取	脳梗塞後遺症		入れ歯が痛くて食事がつらい
訪問入浴	**ポイント** サービス利用に際して、大量に出るタオルなどの洗濯は、家族にとって負担となる場合があります。こうしたことを踏まえて、サービス事業所の選択にあたっては、備品を家族が負担するのか、事業所で用意しているのかなど細かくチェックする必要があります。		
訪問入浴●●●●●●●● 褥瘡・皮膚の問題	パーキンソン病末期	パーキンソン病ホンヤールⅣで寝たきりの状態	体温調節ができない。背中にいつも汗をかく。かゆくないようにしたい
訪問入浴●●●●●●●● 褥瘡・皮膚の問題	末期がん	全身の衰弱、るい痩が進んでいる	身体負担を軽くした清潔保持を要する
訪問入浴●●●●●●●● 褥瘡・皮膚の問題	老衰、認知症	老衰のため寝たきり状態	寝たままの状態で安全な入浴をする必要がある
訪問入浴●●●●●●● 特別な状況 〈ターミナルケア〉	膵臓がん	膵臓がん末期	1日でも長く家族と過ごしたい
訪問入浴●●●●●●● 特別な状況 〈ターミナルケア〉	膵臓がん		1日でも長く家族と過ごしたい
訪問入浴●●●●●●● 特別な状況 〈ターミナルケア〉	卵巣がん	卵巣がん末期	風呂に入れてほしい
訪問入浴●●●●●●● 特別な状況 〈ターミナルケア〉	胆のうがん、老衰	胆のうがん、老衰	風呂に入れてほしい

「居宅サービス計画書 第2表」部分　＊複数のサービスがあるものは、同じものですがそれぞれに入っています。

長期目標	短期目標	サービス内容	サービス種別
食物をうまく飲み下せるようにする	口腔ケア、口腔体操の実施	口腔ケアの方法の確認、用具の確認、義歯の快適さのチェック、1日1回口腔体操を行う	訪問歯科
嚥下がうまくでき、食事がおいしくとれるようにする	口腔ケア、口腔体操の実施	1日1回口腔体操を行う	訪問歯科
義歯が快適に使える	口腔ケア、義歯の適切さの評価	口腔ケアの方法の確認、用具の確認、義歯の快適さのチェック	訪問歯科
安全に入浴できる	定期的に入浴し、皮膚の清潔が保持できる	訪問入浴	訪問入浴
心地良い快適な生活が守られる	安楽に入浴する	皮膚を傷つけないように洗う	訪問入浴
安全に安楽に入浴できる	定期的に入浴できる。皮膚の清潔の保持ができる	①清拭、陰部洗浄（病状に応じて）　②入浴介助	訪問入浴
身体がさっぱりする	入浴サービスを利用することで安楽に入浴することができる	①緩和ケア　②病状悪化時の対応、医療機関との連携　③家族指導　④入浴介助	訪問入浴
最期の時まで家族とともに穏やかに過ごす	痛みや吐き気が緩和される。訪問看護や主治医が訪問することで在宅療養が継続できる。安楽に入浴する。福祉用具を利用することで安楽に過ごすことができる	①緩和治療　②緩和ケア　③病状悪化時の対応、医療機関との連携　④家族指導、デスエデュケーション	訪問診療（医療保険）、訪問看護（医療保険）、家族、訪問入浴、福祉用具貸与
安楽に入浴する。体力の消耗を最小限にする	看護師立会いのもとで安心して入浴する。清潔を保持する	①体調チェック　②入浴介助　③介護相談　④体調に合わせて部分浴	訪問入浴
安全に安楽に入浴する	安全に入浴する。皮膚の清潔が保持できる	訪問入浴、皮膚の観察	訪問入浴

サービス種別文例集

*状態が同じものは一番上に一つだけ入っています

標準分析項目	原因	状態	ニーズ・課題
訪問リハビリテーション	**ポイント** 訪問リハビリテーションをサービスに導入する際には、必ず主治医に相談をし、指示をもらうようにします。地域によっては、サービス資源がまだ不十分なところもあるようです。日ごろから、新しい事業所が立ち上がっていないかなど、よく調べておく必要があります。		
訪問リハビリテーション● 健康状態	認知症、在宅酸素	認知症の末期で寝たきり。常時介護を要する。息子さん夫婦が協力して介護している。自宅で最期まで介護することを希望される	入院しないで家で過ごさせたい
訪問リハビリテーション● ADL	骨粗しょう症	腰椎圧迫骨折があり、加重時や立ち座り時に痛みがある。硬性コルセットを装着している	安心して起き上がりたい
訪問リハビリテーション● ADL	突発性正常圧水頭症	起き上がりや移動、移乗の介助が多くなり、介護負担が増えている	介助動作を習得し、介護負担を軽減する必要がある
訪問リハビリテーション● 介護力、居住環境	突発性正常圧水頭症		起き上がりや移動、移乗など、できるだけスムーズに介助ができるようになりたい
居宅支援介護	**ポイント** 利用者のニーズを充足するためのサービス主体の中では、もちろんケアマネジャーも大きな役割を果たすでしょう。直接的なサービス提供というよりは、サービスが円滑に提供されるまでのつなぎの役割であったり、また、サービスとサービスの領域のはざまを充		
居宅介護支援●●●●●● 健康状態	認知症	買い物依存症なのか、高価な物を購入し何度もクーリングオフするが懲りない。息子が同居を提案するがこの地を離れたくないと一人暮らしを続けている。地域で見守っている	一人暮らしを続けるには家事支援、日常生活の見守り支援、詐欺等に遭わないように地域包括支援センターと連携した支援を要する
居宅介護支援●●●●●● 健康状態	統合失調症	統合失調症で入退院を繰り返す。高齢者専用住宅で生活を再開。服薬・精神的支援や日常の助言、見守りを要する	高齢者専用住宅でこれからも生活を続けたい。服薬を守り、安定した精神状態で過ごす
居宅介護支援●●●●●● 健康状態	糖尿病	食事療法は守れない。近所の店で総菜を購入して食べる生活。インスリンを注射しているから食べたい物を食べている。訪問看護による医療管理を要する	糖尿病はわかっている。今まで我慢したからこれからは食べたい物を食べる
居宅介護支援●●●●●● 健康状態	複数の病気	胃潰瘍、糖尿病、腰痛、下肢静脈血栓症、認知症と複数の病気があり、通院をしているが、食事療法を守れない。鎮痛剤による胃潰瘍を繰り返している	複数の病気があり、服薬管理を要する

「居宅サービス計画書 第2表」部分　＊複数のサービスがあるものは、同じものですがそれぞれに入っています。

長期目標	短期目標	サービス内容	サービス種別
穏やかな毎日を過ごす	病状の悪化を防ぐ。異常の早期発見ができる。褥瘡を予防する	①病状管理（呼吸状態）　②皮膚ケア　③呼吸リハビリ、拘縮予防トレーニング　④介護相談、介護指導　⑤福祉用具レンタル（介護ベッド、車椅子）、購入（補高便座）、メンテナンス　⑥定期受診	訪問看護、訪問リハビリテーション、福祉用具貸与、福祉用具購入、家族
骨粗しょう症の悪化を防ぐ。背、腰の安静が保持できる	安全に起き上がり、立ち上がる	①訪問リハビリテーションによるトレーニング　②福祉用具レンタル（介護ベッド、手すり、マットレス）	訪問リハビリテーション、福祉用具貸与
起き上がりや移動、移乗など介助が多くなった。できるだけスムーズに介助ができるようにする	自宅での移動・移乗介助を容易にする。昇降座椅子を利用して安全に立ち上がる	①移動・移乗介助動作指導　②福祉用具レンタル	訪問リハビリテーション、福祉用具貸与
自宅内の移乗介助や移動動作を習得する	自宅での移動・移乗介助を容易にする。昇降座椅子を利用して安全に立ち上がる	①移動・移乗介助動作指導　②福祉用具レンタル	訪問リハビリテーション、福祉用具貸与

足する役割であったりとその役割は実に多様です。

長期目標	短期目標	サービス内容	サービス種別
一人暮らしを続ける	通所介護で気分転換ができる。日常生活で見守りを得る	①健康チェック　②他利用者やスタッフとの交流　③レクリエーション活動や行事の参加　④緊急時の支援体制	訪問介護、通所介護、地域包括支援センター、町会、民生委員、ケアマネジャー
精神的に安定することで、高齢者専用住宅での生活を継続できる	きちんと服薬、通院する。よく眠る。気分転換する。公共交通機関を利用して通院する。通院時自分の体調や精神症状、服薬状況を医師に伝えられる	①服薬管理、療養相談、精神的支援（本人の話をよく聞く）　②主治医、MSWとの連携　③レクリエーション・趣味活動	訪問看護、ケアマネジャー、通所介護、家族、医療機関
血糖コントロールを継続する	訪問看護によるインスリン注射と服薬を継続する。ヘルパー介助で定期通院する	①インスリン注射　②服薬管理、定期受診　③病院看護師との連携　④主治医への連絡　⑤療養指導、総菜購入の助言　⑥定期受診介助	訪問看護、訪問介護、ケアマネジャー
訪問看護師に体調や服薬について相談することで、安心して生活を継続する	きちんと服薬し、定期的に受診する。血糖コントロールできる	服薬管理、病状、日常生活の相談。医師への連絡	定期受診、訪問看護、ケアマネジャー

サービス種別文例集

＊状態が同じものは一番上に一つだけ入っています

標準分析項目	原因	状態	ニーズ・課題
居宅介護支援●●●●●● ADL	脳梗塞後遺症	介護疲労が蓄積しており、介護者への支援が必要	介護者（娘）も高血圧で受診の必要がある
居宅介護支援●●●●●● 認知	認知症	記憶障害が顕著にあり、家事や金銭、服薬管理ができない。本人は認知症の夫の介護も家事も完璧に行っていると言うが、実際はいつ炊いたのかわからないご飯を食べていたり、近所の人が食事を運んでいる。急性胃腸障害と脱水で入院を何度もしている。近所からも苦情が寄せられている	日常生活の見守りや家事援助、栄養管理を要する。夫婦ふたっての望みの二人暮らしで、地域や息子、娘の協力で在宅生活を継続する
居宅介護支援●●●●●● 褥瘡・皮膚の問題	病状悪化	入浴ができない	入浴ができるようにしたい
居宅介護支援●●●●●● 食事摂取	摂食不良	食事をとったりとらなかったりムラがある	バランスの良い食事がとれない
居宅介護支援●●●●●● 介護力	認知症	介護保険サービスが上限を超え、経済的負担が大きい中で一生懸命介護されている	これからも家族皆で暮らしたい
居宅介護支援●●●●●● 特別な状況〈虐待〉	認知症	介護者が、本人が委縮し外に聞こえるくらいの大声で怒鳴る	介護者の精神的支援を要する
居宅介護支援●●●●●● 特別な状況〈虐待〉	認知症	認知症の本人が思い通りにならないことと介護者自身の体調が悪いこと、他人に介護を任せられないことにより介護疲れの蓄積がある	介護者の精神的支援を要する
居宅介護支援●●●●●● 特別な状況〈虐待〉	家族不和	幼少時の育児放棄があり、娘は施設で育つ。母親を許せず、母がそこにいることがストレスになっている。部屋のふすまや障子が壊れるくらい暴れる	娘のカウンセリングと家族機能が回復するよう支援を要する
居宅介護支援●●●●●● 特別な状況〈ターミナルケア〉	肺がん	肺がん末期	1日でも長く家族と過ごしたい

「居宅サービス計画書　第2表」部分　＊複数のサービスがあるものは、同じものですがそれぞれに入っています。

長期目標	短期目標	サービス内容	サービス種別
介護者（娘）の健康管理	定期的な受診	娘さん自身、定期的に受診、服薬ができるようにする	家族、ケアマネジャー
夫婦で現在の生活を継続する	息子による金銭管理、家族の支え、配食サービスの利用で精神状態、栄養状態が改善される	①配食サービス、息子の金銭管理、娘の毎朝の電話による精神的支え　②安否確認、ケアマネジャーの不定期訪問による生活状況の確認、通所介護での健康チェック	福祉サービス、家族、ケアマネジャー、通所介護
爽快感、安らぎを得ることで生活意欲が高まる	運動機能障害の有無の把握、疾病状況、物理的入浴環境の把握を行い、適切な入浴形態の把握と調整を行う	身体能力、疾病状況、物理的環境、人的環境のアセスメントを行う	ケアマネジャー
バランスの良い食事ができる	本人の食事状況を観察し、毎日の食事量、食べるスピード、献立の種類を分析する	食生活のアセスメントの実施	ケアマネジャー
介護者がリフレッシュし、在宅介護を継続できる	介護者の疲労が回復する	介護負担・経済的負担軽減のための制度の活用や案内、福祉用具レンタル	福祉用具貸与、ケアマネジャー
サービス提供事業者間が連携し、一貫した精神的支援を行う	介護者がゆとりのある気持ちで介護を継続できる	サービス提供事業者間の連携体制（訪問、電話、メール、FAX等）	訪問看護、通所リハビリテーション、福祉用具貸与、医師、薬剤師、地域包括支援センター、ケアマネジャー
各専門職が役割分担して介護者を支える	介護者がゆとりのある気持ちで介護を継続できる	サービス時の介護者への声かけ、相談	訪問看護、通所リハビリテーション、地域包括支援センター、ケアマネジャー
本人、娘家族が別々の場所で過ごすことで精神的なストレスを軽減し、娘の家族機能が1日も早く回復する	娘が自分の家族だけで過ごす時間を確保する	短期入所生活介護から早期入所の相談、手続き	地域包括支援センター、ケアマネジャー、短期入所生活介護、特養入所担当者
家族とともに穏やかに過ごす（家に帰れてよかっと思う）	安楽に過ごす。体力の低下を防ぐ	①服薬管理、定期受診　②酸素吸入管理　③介護相談、療養指導　④医師、医療機関との連携　⑤デスエデュケーション（本人、家族へ）　⑥福祉用具レンタル（ベッドレスト、サイドガード、介護テーブル）	家族、在宅酸素提供会社、ケアマネジャー、福祉用具貸与

サービス種別文例集

*状態が同じものは一番上に一つだけ入っています

標準分析項目	原因	状態	ニーズ・課題
居宅介護支援●●●●●● 特別な状況 〈ターミナルケア〉	前立腺がん	前立腺がん末期	介護者の精神的支援を要する
居宅介護支援●●●●●● 特別な状況 〈ターミナルケア〉	乳がん	乳がん末期	一人暮らしだが、最期の時まで私らしく生を全うしたい
居宅介護支援●●●●●● 特別な状況 〈医療連携〉	統合失調症	統合失調症で入退院繰り返す。うつ状態で半年入院。在宅生活を再開。服薬・精神的支援や日常の助言、見守りを要する	服薬・精神的支援や日常の助言、見守りを要する
居宅介護支援●●●●●● 特別な状況 〈医療連携〉	介護者が外国人	認知症、糖尿病など複数の病気を持つ夫を介護している。妻が日本語を読めないため介護に関する社会的情報が乏しい	夫の介護を継続するために介護に関する情報の提供や専門職による療養相談、病状悪化時の連携をつくる必要がある
居宅介護支援●●●●●● 特別な状況 〈経済状況〉	本人と息子が経済苦、認知症、全身状態の衰弱	社会的閉じこもりの息子が本人の年金で生活しており、必要なサービス利用や治療を拒否する	介護者との人間関係づくりと並行して、本人の身体状況の確認を通して緊急時の対応や介護指導を行う必要がある

行政フォーマルサービス・地域包括支援センター等

ポイント 介護保険施行後、保険者ごとに、一般施策として住民に提供するサービスのメニューが異なっており、その格差が年々広がっているようです。利用者が居住する地域のサービスについては、行政窓口に行って、必ずマニュアル・ガイドブック等入手するようにしま

標準分析項目	原因	状態	ニーズ・課題
行政フォーマルサービス・地域包括支援センター等● 健康状態	不眠	夜間排泄が心配で毎日眠れない	失禁の心配をせず、安心して眠れる
行政フォーマルサービス・地域包括支援センター等● 健康状態	認知症	買い物依存症なのか、高価な物を購入し何度もクーリングオフするが懲りない。息子が同居を提案するがこの地を離れたくないと一人暮らしを続けている。地域で見守っている	一人暮らしを続けるには家事支援、日常生活の見守り支援、詐欺等に遭わないように地域包括支援センターと連携した支援を要する
行政フォーマルサービス・地域包括支援センター等● 健康状態	骨粗しょう症	骨がもろく、転ぶとすぐに骨折してしまう	骨を丈夫にする
行政フォーマルサービス・地域包括支援センター等● 健康状態	再生不良性貧血	病識もあり、きちんと服薬、定期通院を守っている。再生不良性貧血で通院加療中。寛解期だが急性転化し、病状が急激に悪化する可能性がある	病状が急激に悪化する可能性があり、服薬や体調管理を要する
行政フォーマルサービス・地域包括支援センター等● 健康状態	肺炎	肺炎・尿路感染で入院し、体力・栄養状態が低下する。疲れやすい	体力・筋力・栄養状態は回復傾向にあるが、栄養管理や体力・筋力づくりを継続する必要がある

「居宅サービス計画書 第2表」部分　＊複数のサービスがあるものは、同じものですがそれぞれに入っています。

長期目標	短期目標	サービス内容	サービス種別
サービス提供事業者間が連携し一貫した精神的支援を行う	介護者がゆとりのある気持ちで介護を継続できる	サービス提供事業者間の連携体制（訪問、電話、メール、FAX等）	訪問看護、通所リハビリテーション、福祉用具事業所、医師、薬剤師、地域包括支援センター、ケアマネジャー
知人、緩和ケアナース、介護支援専門員、病院MSWの連携で自宅で過ごす	痛みがコントロールされる。食事摂取量を維持する	病状悪化時の連携体制（知人、緩和ケアナース、病院MSW）	ケアマネジャー、知人、緩和ケアナース、病院MSW
精神的に安定することで在宅生活を継続できる	きちんと通院する。公共交通機関を利用して通院する	①服薬管理、療養相談　②精神的支援（本人の話をよく聞く）　③主治医、MSWとの連携	訪問看護、家族、医療機関、ケアマネジャー
介護に必要な情報を得ることができ、体調や介護について常に相談できる	必要な時は適宜訪問して話を聞く	①療養相談　②訪問看護報告書、主治医連絡票の提出	ケアマネジャー
介護者と距離感を持ちながら訪問、意思疎通ができるようになる	本人にとって必要なサービスを1日も早く利用できるようになる。病状悪化時に即対応できるよう連携体制が整う	訪問看護、病院MSW、地域包括支援センター、短期入所生活介護、介護保険施設への打診や連絡	ケアマネジャー、地域包括支援センター

しょう。また、地域包括支援センター等にも足しげく通うことにより、利用者にとって必要な情報を日ごろから入手するようにしましょう。

長期目標	短期目標	サービス内容	サービス種別
深い眠りを得る	尿とりパッドや紙おむつを使用して失禁の不安をなくす	紙おむつ、尿とりパッド	福祉サービス
一人暮らしを続ける	通所介護で気分転換ができる。日常生活で見守りを得る	①健康チェック　②他利用者やスタッフとの交流　③レクリエーション活動や行事の参加　④緊急時の支援体制	訪問介護、通所介護、地域包括支援センター、町会、民生委員、ケアマネジャー
骨密度を低下させないよう食事療法を行う	カルシウムの摂取を意識する（小魚、牛乳、ヨーグルト、ヒジキ）	配食サービス	福祉サービス
意欲、体力が低下せず、病状が安定する	食事をきちんと食べる	配食サービス	福祉サービス
体力・筋力・栄養状態・意欲が向上する	食事摂取をきちんと行う	調理	訪問介護または配食サービスまたは宅配弁当

サービス種別文例集

*状態が同じものは一番上に一つだけ入っています

標準分析項目	原因	状態	ニーズ・課題
行政フォーマルサービス・地域包括支援センター等● 健康状態	肝硬変非代償期、腎臓がん	腎ろう、肝硬変末期で腹水もある。疲れやすく、終日寝たきりで過ごす。一人暮らし。入院はかたくなに拒否している。低栄養状態が続いている	一人暮らしのため生活支援を要する
行政フォーマルサービス・地域包括支援センター等● IADL	脳梗塞後遺症	食事をつくれない	栄養バランスのとれた食事をとる
行政フォーマルサービス・地域包括支援センター等● 認知	初期認知症	何となく物忘れが増えている	認知症を予防したい
行政フォーマルサービス・地域包括支援センター等● 認知	認知症	記憶障害が顕著にあり、家事や金銭、服薬管理ができない。本人は認知症の夫の介護も家事も完璧に行っていると言うが、実際はいつ炊いたのかわからないご飯を食べていたり、近所の人が食事を運んでいる。急性胃腸障害と脱水で入院を何度もしている。近所からも苦情が寄せられている	日常生活の見守りや家事援助、栄養管理を要する。夫婦そろっての望みの二人暮らしで、地域や息子、娘の協力で在宅生活を継続する
行政フォーマルサービス・地域包括支援センター等● 認知	認知症	一人暮らしなので、この先のことに不安がある。誰かに今後のことを託しておきたい	身辺整理について相談したいと考えている。相談機関等の情報が必要
行政フォーマルサービス・地域包括支援センター等● 認知	認知症	不安神経症。怒りっぽく、妻に対して暴力をふるっている	妻に暴力をふるうため、日常生活のリズムづくりや気分転換、内服調整を要する
行政フォーマルサービス・地域包括支援センター等● 介護力	認知症	認知症のため暴力、徘徊があり、目が離せない。妻は毎日本人の後からついて歩いているが、本人が途中で座り込むことがあり、妻は一人で立ち上がらせる力がない	毎日徘徊する。地域の協力を得て見守りや援助体制を整える必要がある
行政フォーマルサービス・地域包括支援センター等● 特別な状況〈虐待〉	認知症	介護者が、本人が委縮し外に聞こえるくらいの大声で怒鳴る	介護者の精神的支援を要する
行政フォーマルサービス・地域包括支援センター等● 特別な状況〈虐待〉	認知症	認知症の本人が思い通りにならないことと介護者自身の体調が悪いこと、他人に介護を任せられないことにより介護疲れの蓄積がある	介護者の精神的支援を要する
行政フォーマルサービス・地域包括支援センター等● 特別な状況〈虐待〉	家族不和	幼少時の育児放棄があり、娘は施設で育つ。母親を許せず、母がそこにいることがストレスになっている。部屋のふすまや障子が壊れるくらい暴れる	娘のカウンセリングと家族機能が回復するよう支援を要する

「居宅サービス計画書 第2表」部分 ＊複数のサービスがあるものは、同じものですがそれぞれに入っています。

長期目標	短期目標	サービス内容	サービス種別
一人暮らしを継続する	ヘルパーによる生活全般の支援(買い物、清掃、調理)。安否確認ができる。体調不良時に訪問看護に連絡する	買い物、洗濯、清掃、配食サービス	訪問介護、福祉サービス
様々な方法で栄養バランスを確保し、おいしい食事をとる	食事サービスの利用、外食、できる範囲での調理	日を決めて、何通りかの食の確保を考える	食事サービス、外食、自分
栄養の偏りをなくして、できるだけ認知症を予防する	栄養バランスの良い食事をとる	食事サービスの利用	福祉サービス
夫婦で現在の生活を継続する	息子による金銭管理、家族の支え、配食サービスの利用で精神状態、栄養状態が改善される	①配食サービス、息子の金銭管理、娘の毎朝の電話による精神的支え ②安否確認、ケアマネジャーの不定期訪問による生活状況の確認、通所介護での健康チェック	福祉サービス、家族、ケアマネジャー、通所介護
自分で判断がつかなくなった時のために、将来のことを整えておきたい	利用できる制度、サービスについて知る	地域包括支援センターによる訪問。成年後見制度の説明を聞く	地域包括支援センター
穏やかに、苛立ちが少なく過ごす(暴力をふるわない)	不安や心悸症状が軽減する	①レクリエーション活動や脳トレーニング ②定期受診	通所リハビリテーション、家族、地域包括支援センター
地域の協力を得て事故なく帰宅する	事故なく帰宅できるよう、徘徊マップ、電話連絡体制を整える	①徘徊マップ、電話連絡体制の作成 ②地域ケア会議、精神科MSWとの連携の確認	地域包括支援センター、公民館、町会、警察、精神科MSW
サービス提供事業者間が連携し、一貫した精神的支援を行う	介護者がゆとりのある気持ちで介護を継続できる	サービス提供事業者間の連携体制(訪問、電話、メール、FAX等)	訪問看護、通所リハビリテーション、福祉用具貸与、医師、薬剤師、地域包括支援センター、ケアマネジャー
各専門職が役割分担して介護者を支える	介護者がゆとりのある気持ちで介護を継続できる	サービス時の介護者への声かけ、相談	訪問看護、通所リハビリテーション、地域包括支援センター、ケアマネジャー
本人、娘家族が別々の場所で過ごすことで精神的なストレスを軽減し、娘の家族機能が1日も早く回復する	娘が自分の家族だけで過ごす時間を確保する	短期入所生活介護から早期入所の相談、手続き	地域包括支援センター、ケアマネジャー、短期入所生活介護、特養入所担当者

サービス種別文例集

*状態が同じものは一番上に一つだけ入っています

標準分析項目	原因	状態	ニーズ・課題
行政フォーマルサービス・地域包括支援センター等● **特別な状況〈ターミナルケア〉**	前立腺がん	前立腺がん末期	介護者の精神的支援を要する
行政フォーマルサービス・地域包括支援センター等● **特別な状況〈医療連携〉**	再生不良性貧血	病識もありきちんと服薬、定期通院を守っている。再生不良性貧血で通院加療中。寛解期だが病状が急激に悪化する可能性がある	少しずつ元気になってきた。一人暮らしを続けたい
行政フォーマルサービス・地域包括支援センター等● **特別な状況〈経済状況〉**	本人と息子が経済苦、認知症、全身状態の衰弱	社会的閉じこもりの息子が本人の年金で生活しており、必要なサービス利用や治療を拒否する	介護者との人間関係づくりと並行して、本人の身体状況の確認を通して緊急時の対応や介護指導を行う必要がある
インフォーマルサポート	ポイント　人が地域で生活をするために必要なもの。ケアマネジャーは、手と足と目と耳、そして頭を使って、地域の中から、この必要なものを探し出すことになります。日ごろから地域の情報を集めるようにしましょう。		
インフォーマルサポート● **健康状態**	認知症	買い物依存症なのか、高価な物を購入し何度もクーリングオフするが懲りない。息子が同居を提案するがこの地を離れたくないと一人暮らしを続けている。地域で見守っている	一人暮らしを続けるには家事支援、日常生活の見守り支援、詐欺等に遭わないように地域包括支援センターと連携した支援を要する
インフォーマルサポート● **健康状態**	認知症、糖尿病	日に何度もコンビニに行き、甘い物を大量に購入して食べるため、血糖コントロールができない。インスリン注射を家族がしている	インスリン注射、服薬管理、間食防止が必要
インフォーマルサポート● **健康状態**	認知症、糖尿病		インスリン注射、服薬管理、間食防止が必要
インフォーマルサポート● **健康状態**	糖尿病	一人暮らし。近隣に住む娘さんが身の回りのこと、食事づくりや家事を担っている。仕事と家庭もあり、介護負担が重い	一人暮らしを継続するために家族とヘルパーが協力して身の回りのことを行う必要がある
インフォーマルサポート● **健康状態**	肺炎	肺炎、尿路感染で入院し、体力、栄養状態が低下する。疲れやすい	体力、栄養状態、筋力は回復傾向にあるが、栄養管理や体力・筋力づくりを継続する必要がある

「居宅サービス計画書 第2表」部分 ＊複数のサービスがあるものは、同じものですがそれぞれに入っています。

長期目標	短期目標	サービス内容	サービス種別
サービス提供事業者間が連携し一貫した精神的支援を行う	介護者がゆとりのある気持ちで介護を継続できる	サービス提供事業者間の連携体制（訪問、電話、メール、FAX等）	訪問看護、通所リハビリテーション、福祉用具事業所、医師、薬剤師、地域包括支援センター、ケアマネジャー
体力の低下を防ぎ、病状が安定する。意欲の低下を防ぐ	食事をきちんととる	配食サービス	福祉サービス
介護者と距離感を持ちながら訪問、意思疎通ができるようになる	本人にとって必要なサービスを1日も早く利用できるようになる。病状悪化時に即対応できるよう連携体制が整う	訪問看護、病院MSW、地域包括支援センター、短期入所生活介護、介護保険施設への打診や連絡	ケアマネジャー、地域包括支援センター
一人暮らしを続ける	通所介護で気分転換ができる。日常生活で見守りを得る	①健康チェック ②他利用者やスタッフとの交流 ③レクリエーション活動や行事の参加 ④緊急時の支援体制	訪問介護、通所介護、地域包括支援センター、町会、民生委員、ケアマネジャー
血糖値が安定する	食事療法を守る	①服薬管理、定期受診 ②買い物への対応	家族
血糖値が安定する	甘い物を日に何度も購入しない	買い物への対応	家族、コンビニ店
一人暮らしを続ける	家族、ヘルパー介助で身の回りのことができる	清掃（トイレ、居間、寝室、玄関、浴室）、洗濯、クリーニング、買い物、冷蔵庫内の整理、季節毎の衣服の入れ替え、シーツ交換、庭の手入れ	有料ヘルパー、家族
体力、栄養状態、筋力、意欲が向上する	食事摂取をきちんと行う	調理または食事の確保	訪問介護または配食サービスまたは宅配弁当

サービス種別文例集

*状態が同じものは一番上に一つだけ入っています

標準分析項目	原因	状態	ニーズ・課題
インフォーマルサポート● 健康状態	大腿骨骨折後	自立した生活を送っていたが転倒して大腿骨頸部骨折し、入院する。入院による体力、栄養状態、筋力の低下がある	まだ体力が回復していないので掃除や洗濯、買い物など手伝ってほしい
インフォーマルサポート● ADL	脳梗塞後遺症	これまではできた庭の手入れなどができない。今年の夏は特に暑そうで、暑さ対策もできない	日差しが強く、室内が高温になりつらい。涼しい部屋で快適に暮らしたい
インフォーマルサポート● ADL	脳梗塞後遺症	予後の経過が順調。意欲が出てきている	春になってきたので少し外に出ておいしい空気が吸いたい
インフォーマルサポート● IADL	脳梗塞後遺症	重いごみが出せない。ごみの日が覚えられない	新聞を資源ごみの日にきちんと出したい
インフォーマルサポート● IADL	脳梗塞後遺症	両手に痺れがあり、庭の作業ができない	植木の剪定をしてくれる人がほしい
インフォーマルサポート● IADL	脳梗塞後遺症	布団干しができない	晴れた日は布団を干して気持ちよく暮らしたい
インフォーマルサポート● IADL	脳梗塞後遺症	冷蔵庫を開け閉めすることが難しい	冷蔵庫の開閉ができるようになりたい
インフォーマルサポート● IADL	脳梗塞後遺症	今まではできた庭の手入れなどができない。今年の夏は特に暑そうで、暑さ対策もできない	日差しが強く、室内が高温になり、つらい。涼しい部屋で快適に暮らしたい
インフォーマルサポート● IADL	脊柱管狭窄症		日差しが強く、室内が高温になり、つらい。涼しい部屋で快適に暮らしたい
インフォーマルサポート● IADL	脊柱管狭窄症	高い所の作業ができない	電球の取り換え作業を手伝ってくれる人がほしい

「居宅サービス計画書 第2表」部分 ＊複数のサービスがあるものは、同じものですがそれぞれに入っています。

長期目標	短期目標	サービス内容	サービス種別
ヘルパーやボランティア支援で身の回りのことができる	定期的に洗濯ができる。快適な部屋で過ごせる。生活に必要な物が購入ができる	①洗濯の声かけ、介助 ②掃除(居間、トイレ、台所の掃除機かけ、拭き掃除) ③冷蔵庫内の整理 ④買い物の代行(本人依頼時) ⑤シーツ交換(本人依頼時) ⑥季節の衣服の交換、整理 ⑦ごみ出しの準備(本人と一緒にごみ出し時の見守り) ⑧移動スーパーの買い物時の見守り	訪問介護、ボランティア
脱水症状の予防	定期的な水分の確保	朝ポットに麦茶を2リットルつくる	家族、自分
外出の機会を増やし、意欲が向上する	まず1日3時間座位をとり、体力、筋力をつける	日中座位をとって外の空気を吸える時間をつくる	本人、家族
ごみ出しのルールを守れるようにする	月曜日の資源ごみの日に新聞が出せるようにする	前日に玄関先までごみを出しておき、出し忘れを防ぐ	近隣のAさんの協力
地域の中で植木の剪定作業のできる人と知り合いになる	植木の剪定作業をしてくれる人を探す	植木の剪定	シルバー人材センターのBさん
これまでしてきた暮らしを今後も継続していく	布団干しを手伝ってもらう	布団干し(晴れた日)	同居の孫
冷蔵庫を活用し、生活を便利にする	冷蔵庫の扉を改良し、自分でも開けられるようにする	冷蔵庫に特殊なボタンを設置し、自分でも開閉ができるようにする	工学部に通う孫
快適な室温を確保した部屋づくり	グリーンカーテン、すだれなどを準備する	グリーンカーテンづくり、すだれの購入	地域のちょこっとサービスの活用
室温を一定に保つための工夫	エアコンの掃除	エアコンのクリーニング	エアコンクリーニングサービスの活用
地域の中にちょっとした作業を手伝ってくれる知り合いをつくる	定期的に電球の取り換え作業を手伝ってくれる人を探す	電球の取り換え作業(今春一斉にLEDに替える)	地域のちょこっとサービスの活用

サービス種別文例集

*状態が同じものは一番上に一つだけ入っています

標準分析項目	原因	状態	ニーズ・課題
インフォーマルサポート● IADL	脊柱管狭窄症	重い物が持てない	家具の配置を変更する作業を手伝ってくれる人がほしい
インフォーマルサポート● IADL	脊柱管狭窄症		布団干しを手伝ってくれる人がほしい
インフォーマルサポート● IADL	脊柱管狭窄症	積雪時の雪かきなどの作業ができない	雪かきを手伝ってくれる人がほしい
インフォーマルサポート● IADL	脊柱管狭窄症	布団の上げ下げができない	毎日布団を上げ下げして清潔に暮らしたい
インフォーマルサポート● 認知	アルツハイマー型認知症	これまではできた家事ができなくなってしまった。すぐに忘れてしまう。1日何度も冷蔵庫を開ける	中核症状の進行を緩やかにするため、適切な運動を行う
インフォーマルサポート● 認知	アルツハイマー型認知症		穏やかに毎日を過ごす
インフォーマルサポート● 認知	アルツハイマー型認知症	アリセプトを服用中。暴言、妄想があり入院。現在は落ち着いている	認知症のために更衣、服薬、排泄、日課の遂行に介助を要する
インフォーマルサポート● 認知	アルツハイマー型認知症	変形性膝関節症で膝痛がある。排便のコントロールに神経質になっているが、内部疾患はない	一人暮らしが困難となり、有料老人ホームに入居。ヘルパーの支援で日常生活を維持している
インフォーマルサポート● 認知	認知症	シェーグレン症候群、原発性胆汁性肝硬変で通院を継続している	認知症進行予防のための脳トレや家族以外の人とのかかわりが必要
インフォーマルサポート● 認知	認知症	買い物時に次の動作が思い出せないことがときどきある。そんな時、声かけしてほしい	不安なく買い物ができるようにしたい
インフォーマルサポート● 認知	認知症	少し前のことをすぐに忘れてしまう。直前の記憶がなくても不安を感じないようにしたい	不安を感じないような環境をつくりたい
インフォーマルサポート● 認知	認知症	時間の経過がうまくつかめず、さて、今何時なのかとすぐに考え込んでしまう	今何時なのかわからなくなってしまうのが不安

「居宅サービス計画書 第2表」部分 ＊複数のサービスがあるものは、同じものですがそれぞれに入っています。

長期目標	短期目標	サービス内容	サービス種別
地域の中にちょっとした作業を手伝ってくれる知り合いをつくる	家具の配置変更を手伝ってくれる人を探す	家具の配置変更作業（桐の箪笥2竿）	地域のちょこっとサービスの活用
地域の中にちょっとした作業を手伝ってくれる知り合いをつくる	布団干しを手伝ってくれる人を探す	布団干し（晴れた日）	近所のAさんに頼んでみる
地域の中にちょっとした作業を手伝ってくれる知り合いをつくる	雪かき作業を手伝ってくれる人を探す	隣組の班長さんに自分が雪かき（冬季随時）できないことを説明し、誰かに手伝ってもらえるように頼む	隣組の班長さん
生活のリズムをつくる。万年床を解消する	布団の上げ下げを手伝ってもらう	布団の上げ下げ	同居の孫
良い状態が少しでも長く維持できるようにする	適度な運動を行う	ウォーキング程度の軽い運動を毎日行う	家族
良い状態が少しでも長く維持できるようにする	人とふれ合う趣味を持つ	人とのコミュニケーションをとるようにする	地域の会合、祭りの実行委員会
有料老人ホームでの生活が継続できる	精神症状の悪化を防ぐ	レクリエーション・クラブ活動、行事の参加、日常生活の支援	有料老人ホーム（介護付）
有料老人ホームでの生活が継続できる	認知症状の進行を防ぐ	①更衣の確認、声かけ ②服薬管理 ③洗濯、自室の環境整備 ④健康チェック、定期受診	有料老人ホーム
疾患への経過観察が行われる	適切に受診ができる	家族付き添いによる受診	家族
適切な声かけを受けながら買い物に行けるようにする	混乱していることがわかったら、さりげなくサポートしてもらう	スーパーまでの道順、スーパーでの買い物方法、会計の仕方など随時サポートを得る	訪問介護、買い物ボランティア
自宅の中でゆったりと1日を過ごしたい。不安を感じないようにしたい	適切な見守り、声かけを受けながら過ごす	声のかけ方に注意してもらう。1大きな声を出さない 2同じ目線で 3低い声で 4短い言葉を使う 5ゆっくり話してもらう	有償ボランティア、地域のボランティア、家族
1日の時間の流れがわかるようにする	音、光、声のトーンで時間が理解できるようにする	朝はカーテンを開けて、日の光を浴びる、昼は元気な音楽をかける、夜はゆったりとしたジャズをかけて照明を落とす	有償ボランティア、家族

サービス種別文例集

*状態が同じものは一番上に一つだけ入っています

標準分析項目	原因	状態	ニーズ・課題
インフォーマルサポート●認知	認知症	洋服を着る時、今の季節がわからず、長そでにすべきかわからなくなってしまうなど、季節感をうまく出せない	今の季節が感じられるようになりたい
インフォーマルサポート●認知	認知症	人との会話がうまく成り立たない。何とか普通に話したい	会話を楽しむサポートが必要
インフォーマルサポート●認知	認知症	同じ物ばかり買ってしまう。冷蔵庫ににんじんが20本あるのにさらに5本買ってきてしまった	以前のように普通に買い物がしたい
インフォーマルサポート●社会とのかかわり	パーキンソン病	すり足	八幡様の秋祭りに出かけたい
インフォーマルサポート●社会とのかかわり	脳梗塞後遺症	寝たり起きたりで張りのない生活を繰り返している	生活の中に何かしら張りのようなものを見つけたい
インフォーマルサポート●社会とのかかわり	脳梗塞後遺症	退院後ぼうっとした生活をしている	自分らしいパリッとした生活に戻りたいがきっかけをつかめない
インフォーマルサポート●社会とのかかわり	肺がん	リンパに転移している。抗がん剤が効いているようで、最近体調がいいが、ついおっくうで自宅にこもってしまっている	かけがえのないこの毎日を大切に慈しんで過ごしたい
インフォーマルサポート●社会とのかかわり	肺がん		気持ちが晴れやかになるように過ごしたい
インフォーマルサポート●褥瘡・皮膚の問題	脳梗塞後遺症	退院後臀部に発赤ができてしまっている	褥瘡予防を行う
インフォーマルサポート●褥瘡・皮膚の問題	認知症、脱水	低温やけどが原因で臀部、仙骨部に潰瘍がある	毎日のドレッシングケアと栄養管理を要する
インフォーマルサポート●口腔ケア	脳梗塞後遺症	飲み込み時にむせやすい	栄養分を適切に摂取したい
インフォーマルサポート●食事摂取	脳梗塞後遺症		栄養分を適切に摂取したい

「居宅サービス計画書 第2表」部分　＊複数のサービスがあるものは、同じものですがそれぞれに入っています。

長期目標	短期目標	サービス内容	サービス種別
季節の移り変わりに気づけるようにする	環境の変化、装いなどで季節の流れを理解できるようにする	季節に合った飾りを用意する。また、季節感を感じやすい服装をする	家族
本人が混乱しないように、会話をサポートする	急がせず、シンプルな会話を行う	会話が止まってしまったら、会話の終りの言葉をもう一度繰り返すなど、さりげない支援を行う	家族、サービス担当者すべて
買い物時、その買い物をする理由をその都度確認する	「今日のメニューは○○でしたよね」など、必要なものを考えることができるようにサポートする	買い物時のコミュニケーション支援	訪問介護、有償ボランティア
車椅子で八幡様の秋祭りに出かけてみる	当日車椅子を介助してくれる人を探す	車椅子の介助	D大学ボランティア
他者とかかわる機会を持つ	地域の人が自宅に訪ねてくる	自宅を子育てサークルに開放して自由に使ってもらう	区の空き室利用プロジェクトの活用
自分らしさを取り戻す	得意だった太鼓を祭りでたたく	高砂会の活動に参加して太鼓の練習をする	地域活動
家族とともに過ごす時間をつくる	毎週土曜日の夕食は娘家族（娘、夫、孫）と一緒にとる	孫の好きなハンバーグをつくる	家族
家族とともに過ごす時間をつくる	家の中を少し模様替えして家族が団らんできる環境を整える	カーテンとカーペットを換えてみる	家族
栄養バランス、水分摂取の注意	食事サービスなどを利用しながら食事療法を行う	NPO団体による食事サービスの利用	食事サービス
やけどが良くなる。栄養状態が改善する	火傷部の清潔が保持できる。きちんと食べる	①ドレッシングケア、臀部洗浄　②宅配弁当	訪問看護、民間宅配弁当
嚥下がうまくできるようにする	口腔ケア、口腔体操の実施	1日1回口腔体操を行う	家族
嚥下がうまくできるようにする	口腔ケア、口腔体操の実施	1日1回口腔体操を行う	家族

サービス種別文例集

*状態が同じものは一番上に一つだけ入っています

標準分析項目	原因	状態	ニーズ・課題
インフォーマルサポート● 食事摂取	脳梗塞後遺症	飲み込み時にむせやすい	栄養分を適切に摂取したい
インフォーマルサポート● 食事摂取	単身独居認知症	一人暮らしで食生活が乱れている	コンビニ弁当だけでなく、おふくろの味っぽいものが食べたい
インフォーマルサポート● 食事摂取	単身独居認知症		病気になる前のように、おいしい食事をつくれるようにする
インフォーマルサポート● 食事摂取	誤嚥	咀嚼機能の低下がある	むせやすい
インフォーマルサポート● 介護力	認知症	妻がしょうがを20個近く買ってきてしまう。注意しても直らないことにイラついている	妻の認知症の進行を認めることができずつらい。何とか妻が治る方法を知りたい
インフォーマルサポート● 介護力	糖尿病	家族とは絶縁状態に近い状況だったが、体力が低下したことがきっかけで娘を頼る。娘は「たった二人の家族だから」とかかわりを持った。しかし日常生活のすべてで依存するようになる。娘自身も家庭内不和があり、精神的に追い詰められている	父親の面倒をみる気持ちがある娘さんの身の回りや家事の支援をすることで、時間的なゆとりや精神的な負担を軽減する必要がある
インフォーマルサポート● 居住環境	脊柱管狭窄症	古い家屋で手すり等つかまる所がなく、転倒の危険が高い	古い家で建て替えも勧められているが、今は何とも決められない。自分の部屋は何とか過ごしやすくしたい
インフォーマルサポート● 居住環境	脳梗塞後遺症	ちょっとした段差につまずきやすい	家電製品のコードやカーペットのめくれなどが多い
インフォーマルサポート● 居住環境	脳梗塞後遺症	循環器機能の低下とともに体温調節機能が低下している	冬季の入浴に不安がある
インフォーマルサポート● 特別な状況〈医療連携〉	統合失調症	統合失調症で入退院繰り返す。うつ状態で半年入院。在宅生活を再開。服薬、精神的支援や日常の助言、見守りを要する	服薬・精神的支援や日常の助言、見守りを要する

「居宅サービス計画書 第2表」部分 ＊複数のサービスがあるものは、同じものですがそれぞれに入っています。

長期目標	短期目標	サービス内容	サービス種別
食卓で良い姿勢で食事ができるようにする	食事量と食事にかかる時間が適切か検討する	食事を味わうための環境の整備。1食の量を調節したり、少量で何回も食べてみるなど工夫する	家族
栄養バランスのとれた、手づくりの料理を食べる	地域の食事サービスの利用	1日1食バランスのとれた食事をする	NPO法人によるおふくろ弁当の利用
献立を立て、買い物に行き、自分で調理し、孫に食べてもらうようにする	まずは献立から行い、ゆくゆくは買い物にも行けるようにする	少しずつ自分でできることを増やしていく	自分、家族
本人に適した食形態の食事を提供する	食品ごとに嚥下の状態に合わせて調理する	嚥下状態に適した食材の確保と調理の工夫	家族
妻の状況を夫自身が理解でき、妻にとって良い介護の方法を探せるようにする	認知症について詳しい医者、専門家とつながりを持ち、常に相談できる体制をつくる	介護者教室への参加。しょうがをたくさん買ってきた時の声のかけ方を知る	介護者教室
娘さんが介護を継続できる	介護負担の軽減	家事、身の回りの支援、精神的支援	NPOふれあいサービス
自室環境が整い、安全な生活動線を確保する	ヘルパー支援で定期的に環境整備する	生活支援	訪問介護またはボランティア
転倒事故の防止	自宅内のバリアの除去	家電製品のコード、カーペットのめくれなどの除去	家族
トイレ、脱衣室、浴室でヒートショックを防ぐ	居室以外も適温を保つようにする	①冬季の室内の温度を18度から23度前後に保つようにする ②暖房器具の設置	家族
精神的に安定することで在宅生活を継続することができる	きちんと通院する。公共交通機関を利用して通院する	①服薬管理、療養相談 ②精神的支援（本人の話をよく聞く） ③主治医、MSWとの連携	訪問看護、家族、医療機関、ケアマネジャー

サービス種別文例集

*状態が同じものは一番上に一つだけ入っています

標準分析項目	原因	状態	ニーズ・課題
一般施策	**ポイント** 行政の一般施策の情報も必ず収集しておきましょう。おむつ代の助成・給付など、利用者にとって必要なサービスが多数取りそろえられています。		
一般施策●●●●●● 健康状態	認知症、糖尿病	一人暮らし。食事療法が守れずインスリンも自己判断で中止し、血糖コントロール不良で入院。認知症もあり、理解力がない	一人暮らしを継続するには医療職による血糖管理を要する。また日常生活のリズムを整える必要がある
社会福祉協議会	**ポイント** 地域の社会福祉協議会等にも、福祉資金の貸付、地域福祉権利擁護事業など、利用者にとって役に立つサービスが多数あります。一度窓口を訪ねて、どのようなサービスがあるのか、確認してみてはいかがでしょうか。		
社会福祉協議会●●●●● 特別な状況 〈経済状況〉	低所得者	年金3万5000円。必要なサービスを利用するお金がない。食事が満足に食べられない	在宅生活を継続するために必要な社会資源を確保することができる
医療サービス等	**ポイント** 居宅療養管理指導や、主治医との療養相談等々、医療サービスの役割が今後ますます大きくなるといえます。ケアプランに医療サービスを位置付ける際には、まず、ケアマネジャー自身が、かかりつけ医、主治医の役割、訪問診療の役割、それぞれの医療サービス		
医療サービス等●●●●● 健康状態	不眠	かゆみ、痛みのために眠れない	かゆみ、痛みを軽減し、毎日安心して眠れる
医療サービス等●●●●● 健康状態	パーキンソン病	パーキンソン病末期状態で四肢筋固縮、関節拘縮し、すべてにおいて全介助状態で、胃ろう造設している	寝たきりでも一緒に食事ができなくても娘と(母と)この家で暮らしたい。穏やかに在宅生活を続ける
医療サービス等●●●●● 健康状態	パーキンソン病	パーキンソン病は内服コントロールされているが緩やかに進行傾向にある	家事や身の回りのことを続けたい(自分の家で、自分の部屋で入院前の生活を続けたい)
医療サービス等●●●●● 健康状態	パーキンソン病、骨折、意欲低下	パーキンソン病は薬調整し経過は緩やか。骨折後リハビリを行い、歩行器レベルまで回復する。糖尿病は血糖コントロール良好	通所リハビリテーションに通って、会話やお出かけなど皆と一緒に楽しみたい
医療サービス等●●●●● 健康状態	統合失調症	統合失調症で入退院を繰り返す。高齢者専用住宅で生活を再開。服薬・精神的支援や日常の助言、見守りを要する	高齢者専用住宅でこれからも生活を続けたい。服薬を守り、安定した精神状態で過ごす
医療サービス等●●●●● 健康状態	骨粗しょう症	骨がもろく、転ぶとすぐに骨折してしまう	骨を丈夫にする

> 「居宅サービス計画書　第2表」部分　＊複数のサービスがあるものは、同じものですがそれぞれに入っています。

長期目標	短期目標	サービス内容	サービス種別
糖尿病の悪化を防ぐ。規則正しい日常生活を送る	通所リハビリテーションに休まず通う。趣味活動や脳トレーニングを楽しむ。意欲を持ち、家事ができる。きちんと服薬する	①健康チェック　②脳トレーニング　③レクリエーション活動　④定期通院　⑤服薬管理　⑥配食サービス	通所リハビリテーション、家族、訪問看護、行政一般施策
食事・医療面での支払い費用を確保する	スティグマを感じることなく、所得援助を受けることができる	生活資金貸付制度	社会福祉協議会

の意義と役割について認識することが大切です。医療連携が苦手な方はしっかり把握しておくようにするとよいでしょう。

長期目標	短期目標	サービス内容	サービス種別
必要な睡眠をとる	主治医に相談し、かゆみ、痛みを軽減し、安眠できる環境を整える	医師の診察	主治医
娘との生活を継続できる	肺炎の再発を予防。胃ろうトラブルを防止。円滑に胃ろう注入ができる。褥瘡を予防する。介護動作の負担を減らす	①健康チェック、服薬管理　②胃ろう管理、胃ろう注入　③褥瘡予防、療養相談、医師・サービス提供事業者との連携、病状管理　④福祉用具レンタル（介護ベッド、エアマットレス、車椅子、手すり、スロープ）	訪問診療、通所リハビリテーション、通所介護、訪問看護、福祉用具貸与
病状の悪化を防ぐ（パーキンソン病、糖尿病、喘息）	服薬と定期受診継続。洗濯物干し、洗濯物たたみ、身の回りの整頓などできるだけ自分で続けたい	①服薬管理、通院　②夜間の見守り、声かけ　③家事や整頓等の声かけ	かかりつけ医、家族
楽しみのある時間を過ごし意欲の低下を防ぐ	気分転換ができる	①レクリエーションの声かけ、他利用者との交流、健康チェック　②服薬管理、定期受診	通所リハビリテーション、医療機関
精神的に安定することで、高齢者専用住宅での生活を継続できる	きちんと服薬、通院する。よく眠る。気分転換する。公共交通機関を利用して通院する。通院時自分の体調や精神症状、服薬状況を医師に伝えられる	①服薬管理、療養相談、精神的支援（本人の話をよく聞く）　②主治医、MSWとの連携　③レクリエーション・趣味活動	訪問看護、ケアマネジャー、通所介護、家族、医療機関
骨粗しょう症の治療のため適切な治療薬を服薬する	骨折リスクが高いため、薬物療法を開始する	受診、服薬	主治医

サービス種別文例集

＊状態が同じものは一番上に一つだけ入っています

標準分析項目	原因	状態	ニーズ・課題
医療サービス等●●●●● 健康状態	再生不良性貧血	病識もあり、きちんと服薬、定期通院を守っている。再生不良性貧血で通院加療中。寛解期だが急性転化し、病状が急激に悪化する可能性がある	病状が急激に悪化する可能性があり、服薬や体調管理を要する
医療サービス等●●●●● 健康状態	糖尿病、慢性呼吸不全、神経因性膀胱	在宅酸素、人工呼吸、神経因性排尿障害、インスリン療法、廃用症候群。車椅子での自走はできない。起き上がり、立ち上がり、移乗、更衣、排泄等すべてに介助を要する	生活を続けるには医療チームが連携して病状管理、異常の早期発見、対応を要する。また、介護者の精神的支援が必要
医療サービス等●●●●● 健康状態	糖尿病、慢性呼吸不全、神経因性膀胱		生活を続けるには医療チームが連携して病状管理、異常の早期発見、対応を要する
医療サービス等●●●●● 健康状態	認知症、糖尿病	日に何度もコンビニに行き、甘い物を大量に購入して食べるため、血糖コントロールができない。インスリン注射を家族がしている	インスリン注射、服薬管理、間食防止が必要
医療サービス等●●●●● 健康状態	糖尿病	50歳代から糖尿病指摘される（職場検診）。血糖のコントロールは不良。1日2回のインスリン注射を行う。検査拒否や離棟、買い食いがある。徘徊等認知症の進行や病識もなく、やむなく治療を中断し自己退院となる。インスリン自己注射はできず訪問看護を開始した	食事療法を守ることはできないが、訪問看護によるインスリン注射と服薬管理で血糖コントロール。日常生活指導をすることで病状悪化予防と異常時に早期に対応することができる
医療サービス等●●●●● 健康状態	乳がん	乳がんで治療中。抗がん剤の副作用がつらい	抗がん剤の副作用で、指の先が割れて痛い。何とかしたい
医療サービス等●●●●● 健康状態	複数の病気	胃潰瘍、糖尿病、腰痛、下肢静脈血栓症、認知症と複数の病気があり、通院をしているが、食事療法を守れない。鎮痛剤による胃潰瘍を繰り返している	複数の病気があり、服薬管理を要する
医療サービス等●●●●● ADL	骨粗しょう症	腰椎圧迫骨折があり、加重時や立ち座り時に痛みがある。硬性コルセットを装着している	安心して起き上がりたい
医療サービス等●●●●● ADL	洞不全症候群	ペースメーカー挿入。体調が悪化し、入院。体力、筋力の低下がある。一人暮らし	入院による体力、筋力の低下がある。日常生活のリズムの確立と一人暮らし再開の意欲を取り戻す必要がある
医療サービス等●●●●● ADL	糖尿病	糖尿病だが食事療法が守れず、過食でHbA1Cが常に高値。感染しやすい。神経障害があり皮膚トラブルの併発を繰り返している	筋力低下、膝の痛みがある。転倒の危険があり、リハビリをして筋力をつける必要がある

「居宅サービス計画書 第2表」部分 ＊複数のサービスがあるものは、同じものですがそれぞれに入っています。

長期目標	短期目標	サービス内容	サービス種別
意欲、体力が低下せず、病状が安定する	風邪の予防。服薬を守る	定期通院、服薬管理	医療機関
在宅生活が継続できる。介護負担の軽減ができる	血糖がコントロールできる。褥瘡の予防	①定期的な医師の診察 ②服薬管理 ③インスリン注射、血糖、呼吸状態の管理 ④療養相談	訪問診療、居宅療養管理指導、訪問看護
在宅生活が継続できる。介護負担の軽減ができる	呼吸状態の悪化を防ぐ	人工呼吸器のメンテナンス、呼吸状態の管理	在宅酸素供給事業所、訪問診療
血糖値が安定する	インスリン注射を継続	①インスリン注射 ②服薬管理、定期受診	訪問看護、主治医
血糖コントロールを継続する	訪問看護によるインスリン注射を継続し、服薬を守る。ヘルパー介助で定期受診する	①インスリン注射 ②服薬管理、病院看護師、ヘルパーとの連携 ③療養指導、惣菜購入の助言 ④定期受診介助、通院等乗降介助	訪問看護、病院看護師、介護タクシー
痛みのない生活を送る	痛みをとる薬、指の保護のための物品を確保する	皮膚科の受診と必要な物品の購入	家族、主治医
訪問看護師に体調や服薬について相談することで、安心して生活を継続する	きちんと服薬し、定期的に受診する。血糖コントロールできる	服薬管理、病状、日常生活の相談。医師への連絡	定期受診、訪問看護、ケアマネジャー
骨粗しょう症が悪化しない。背、腰の安静が保持できる	悪化予防のための治療を受ける	骨粗しょう症治療の定期注射、服薬	訪問看護、医療機関
病状の悪化を防ぐ。規則正しい日常生活を送る	通所リハビリテーションに休まず通所する。服薬、通院を守る	①健康チェック ②筋力アップトレーニング ③趣味活動 ④定期通院、服薬管理	通所リハビリテーション、医療機関
糖尿病へのフォローをする	食事制限、水分制限を守る	DM食提供、水分制限、低血糖時の対応	訪問看護、管理栄養士

サービス種別文例集

*状態が同じものは一番上に一つだけ入っています

標準分析項目	原因	状態	ニーズ・課題
医療サービス等●●●●● ADL	脳梗塞	脳梗塞を発症し、右片麻痺、構音障害あり。屋外は車椅子を使用。自室からトイレまでは手引き歩行可能。通所リハビリテーションでは歩行器と車椅子を併用している。移乗、移動、更衣、排泄、起き上がり、入浴など生活すべてで介助を要する	日常生活のすべてに介助を要するが、このまま自宅で生活を続けたいと希望している。現在の身体能力の維持を継続する必要がある
医療サービス等●●●●● 認知	アルツハイマー型認知症	これまではできた家事ができなくなってしまった。すぐに忘れてしまう。1日に何度も冷蔵庫を開ける	中核症状の進行を緩やかにする
医療サービス等●●●●● 認知	アルツハイマー型認知症	高血圧のため短期記憶障害があり、一度に1週間分の薬を飲んでしまう	服薬管理を要する
医療サービス等●●●●● 認知	若年性認知症	認知症の進行は顕著にあり、記憶障害による不安感が強く、感情が不安定で手がつけられない時がある。IADLは低下し、本人の不安状態が著しい	頭の中がもやもやとする。どうしていいのかわからない。これからも家族と過ごしたいと思っている
医療サービス等●●●●● 認知	認知症	記憶障害が顕著にあり、家事や金銭、服薬管理ができない。本人は認知症の夫の介護も家事も完璧に行っていると言うが、実際はいつ炊いたのかわからないご飯を食べていたり、近所の人が食事を運んでいる。急性胃腸障害と脱水で入院を何度もしている。近所からも苦情が寄せられている	日常生活の見守りや家事援助、栄養管理を要する。夫婦たっての望みの二人暮らしで、地域や息子、娘の協力で在宅生活を継続する
医療サービス等●●●●● 褥瘡・皮膚の問題	脱水	食事摂取量の低下による脱水、低栄養状態で浮腫がある。自力で体を動かすことも困難	褥瘡形成のリスクが高い。栄養状態の改善を要する
医療サービス等●●●●● 介護力	認知症	認知症は治ると信じている。毎日脳トレーニングをさせている	妻の認知症の進行を認めることができずつらい。何とか妻が治る方法を知りたい
医療サービス等●●●●● 介護力	認知症	介護者(娘)は精神疾患のため通院しながらフルタイムで仕事をし、父親の介護をしている。仕事場と自宅の往復で疲れ切っている	できるだけ自宅で過ごさせてやりたいが私も疲れ切っている(娘)
医療サービス等●●●●● 介護力	認知症	老老介護で負担が大きいが、夫は在宅介護を希望	自分がみるのが当然の義務だと思っている。人の世話にはなりたくない

「居宅サービス計画書　第2表」部分　＊複数のサービスがあるものは、同じものですがそれぞれに入っています。

長期目標	短期目標	サービス内容	サービス種別
在宅生活が継続できる	病状の悪化を防ぐ。転倒を防ぐ。身体能力を維持するためにリハビリを行う	①服薬管理、定期受診、病状管理　②歩行練習、日常生活動作訓練、下肢筋力訓練　②移動・移乗時の介助、見守り（送迎時、デイフロア内、浴室）　③福祉用具レンタル（介護ベッド、車椅子）	主治医、通所リハビリテーション、福祉用具貸与
良い状態が少しでも長く維持できるようにする	本人に合った薬の処方	医師による診断、処方、服薬管理	主治医、家族
高血圧の症状が安定する	処方どおりに服薬が継続できる	①分包し、1日分ずつセットする　②定期受診、服薬の確認	薬局、訪問看護
意欲の低下を防ぎ、楽しみのある日常を過ごす	規則正しい毎日を継続する。介護負担が軽減できる。不安状態が軽減される	①回想法を取り入れた脳トレーニング　②レクリエーション活動　③服薬管理、定期受診　④主治医との連携	通所介護、医療機関
夫婦で現在の生活を継続する	近医の通院、往診が確保される	定期通院、服薬整理	家庭医
褥瘡ができない。栄養状態、脱水が改善する	きちんと食べる	①清拭、陰部洗浄、フットケア　②療養指導、栄養食の処方	訪問看護、訪問診療
妻の状況を夫自身が理解でき、妻にとって良い介護の方法を探せるようにする	認知症について詳しい医者、専門家とつながりを持ち、常に相談できる体制をつくる	専門医の受診	専門医
在宅生活を1日でも長く続ける。娘さんの精神的負担を軽減する	娘さんの精神症状が安定する。本人の認知症状が安定する	①専門医受診の継続　②服薬を守る　③娘の専門医、病院MSWと連携する	精神病院MSW、専門医
在宅生活が継続できる。夫の介護負担の軽減ができる	介護負担の軽減ができる。何かあった時、相談に乗ってくれる人を確保する	精神症状悪化時すぐに対応できるよう医療機関と連携体制を整える	病院MSW

サービス種別文例集

＊状態が同じものは一番上に一つだけ入っています

標準分析項目	原因	状態	ニーズ・課題
医療サービス等●●●●● 介護力	認知症	認知症のため暴力、徘徊があり、目が離せない。妻は毎日本人の後からついて歩いているが、本人が途中で座り込むことがあり、妻は一人で立ち上がらせる力がない	毎日徘徊する。地域の協力を得て見守りや援助体制を整える必要がある
医療サービス等●●●●● 介護力	認知症	記憶障害による不安感が強く、感情が不安定で手がつけられない時がある	通所リハビリテーションでの認知症対応プログラムを利用して精神の安定を図り、家族が接しやすくする必要がある
医療サービス等●●●●● 介護力	パーキンソン病	介護者が治療方法、病状に理解がない。内服薬を勝手にやめたりする。二者関係よくない	進行性の神経難病であること、治療や症状、対応の仕方を知ることで夫婦関係を改善し、介護の方法を知る必要がある
医療サービス等●●●●● 特別な状況〈ターミナルケア〉	脳腫瘍	脳腫瘍末期	長くないことはわかっている。できるだけ長く家で過ごさせてやりたい
医療サービス等●●●●● 特別な状況〈ターミナルケア〉	脳腫瘍		長くないことはわかっている。できるだけ長く家で過ごさせてやりたい
医療サービス等●●●●● 特別な状況〈ターミナルケア〉	膵臓がん	膵臓がん末期	1日でも長く家族と過ごしたい
医療サービス等●●●●● 特別な状況〈ターミナルケア〉	膵臓がん		1日でも長く家族と過ごしたい
医療サービス等●●●●● 特別な状況〈ターミナルケア〉	肺がん	肺がん末期	自宅で最期を迎えたいが、家族には負担をかけたくない。できるだけ家で家族と過ごしたい
医療サービス等●●●●● 特別な状況〈ターミナルケア〉	肺がん		1日でも長く家族と過ごしたい

「居宅サービス計画書 第2表」部分 ＊複数のサービスがあるものは、同じものですがそれぞれに入っています。

長期目標	短期目標	サービス内容	サービス種別
地域の協力を得て事故なく帰宅する	事故なく帰宅できるよう、徘徊マップ、電話連絡体制を整える	①徘徊マップ、電話連絡体制の作成 ②地域ケア会議、精神科MSWとの連携の確認	地域包括支援センター、公民館、町会、警察、精神科MSW
家族の精神的負担を軽減する	専門家による助言を得る	①服薬管理、定期受診 ②主治医との相談	医療機関
妻が病気に対して理解を高めることができる	訪問看護による細かな説明と相談。レスパイト入院することで気持ちに余裕を持つ	症状の進行に即した細かな説明と療養指導。レスパイト入院	訪問看護、主治医
最期の時まで家族とともに穏やかに過ごす	看取りの時期に応じた家族の精神的支援をし、寄り添う	①訪問診療、緩和治療、療養相談、療養指導 ②医師、医療機関との連携 ③介護者の精神的支援	訪問診療（医療保険）、訪問看護（医療保険）
心地良い安楽な生活環境を整える	安全に経鼻注入する。褥瘡を予防する	訪問診療、緩和治療（経鼻カテーテル交換、緩和ケア病状管理、経鼻栄養注入、口腔ケア、おむつ交換、陰部洗浄、摘便、体位変換）	訪問診療（医療保険）、訪問看護（医療保険）
痛みのない穏やかな1日を過ごす	痛みや吐き気が緩和される。訪問看護や主治医が訪問することで在宅療養が継続できる	①緩和治療 ②緩和ケア ③病状悪化時の対応、医療機関との連携 ④家族指導、デスエデュケーション	訪問診療（医療保険）、訪問看護（医療保険）、家族
最期の時まで家族とともに穏やかに過ごす	痛みや吐き気が緩和される。訪問看護や主治医が訪問することで在宅療養が継続できる。安楽に入浴する。福祉用具を利用することで安楽に過ごすことができる	①緩和治療 ②緩和ケア ③病状悪化時の対応、医療機関との連携 ④家族指導、デスエデュケーション	訪問診療（医療保険）、訪問看護（医療保険）、家族、訪問入浴、福祉用具貸与
痛みをなくす	痛みのコントロールが継続される	①福祉用具レンタル（ベッド、マットレス、手すり） ②病状、服薬等の管理 ③介護相談、指導 ④医療機関との連携 ⑤デスエデュケーション ⑥緩和ケア	福祉用具貸与・購入、訪問看護、訪問診療
家族とともに穏やかに過ごす（家に帰れてよかったと思う）	安楽に過ごす。体力の低下を防ぐ	①服薬管理、定期受診 ②酸素吸入管理 ③介護相談、療養指導 ④医師、医療機関との連携 ⑤デスデュケーション（本人、家族へ） ⑥福祉用具レンタル（ベッドレスト、サイドガード、介護テーブル）	家族、在宅酸素提供会社、ケアマネジャー、福祉用具貸与

サービス種別文例集

*状態が同じものは一番上に一つだけ入っています

標準分析項目	原因	状態	ニーズ・課題
医療サービス等●●●●● 特別な状況〈ターミナルケア〉	肝臓がん	肝臓がん末期	一人残る妻が心配。1日でも長く妻と過ごしたい
医療サービス等●●●●● 特別な状況〈ターミナルケア〉	肝臓がん		残された家族が心配。1日でも長く家族と過ごしたい。
医療サービス等●●●●● 特別な状況〈ターミナルケア〉	胆のうがん、老衰	胆のうがん、老衰	皆でおばあちゃんを看取ろうと思っている
医療サービス等●●●●● 特別な状況〈ターミナルケア〉	乳がん	乳がん末期	一人暮らしだが、最期の時まで私らしく生を全うしたい
医療サービス等●●●●● 特別な状況〈ターミナルケア〉	乳がん	乳がん	自分の家で過ごしたい
医療サービス等●●●●● 特別な状況〈医療連携〉	再生不良性貧血	病識もありきちんと服薬、定期通院を守っている。再生不良性貧血で通院加療中。寛解期だが病状が急激に悪化する可能性がある	少しずつ元気になってきた。一人暮らしを続けたい
医療サービス等●●●●● 特別な状況〈医療連携〉	糖尿病	食事療法は守れない。近所の店で総菜を購入して食べる生活。インスリンを注射しているから食べたいものを食べている。訪問看護による医療管理を要する	糖尿病はわかっている。今まで我慢したからこれからは食べたいものを食べる
医療サービス等●●●●● 特別な状況〈医療連携〉	糖尿病、慢性呼吸不全、神経因性膀胱	在宅酸素、人工呼吸、インスリン療法、廃用症候群。車椅子自走はできない。起き上がり、立ち上がり、移乗、更衣、排泄等すべてに介助を要する。認知症のため理解力がない	親子二人の生活を続けたい
医療サービス等●●●●● 特別な状況〈医療連携〉	糖尿病、慢性呼吸不全、神経因性膀胱		親子二人の生活を続けたい

「居宅サービス計画書 第2表」部分　＊複数のサービスがあるものは、同じものですがそれぞれに入っています。

長期目標	短期目標	サービス内容	サービス種別
最期の時まで家族とともに穏やかに過ごす	苦痛が緩和される	①訪問診察、緩和治療　②介護相談、療養指導　③医師・医療機関との連携　④デスエデュケーション（本人、家族へ）　⑤緩和ケア	訪問診療（医療保険）
心配事を解決する	適切に相談ができる	①訪問診察、緩和治療　②介護相談、療養指導　③医師・医療機関との連携　④デスエデュケーション（本人、家族へ）　⑤緩和ケア　⑥清拭、衣服交換、体位変換	訪問看護（医療保険）
家族皆が心に残る看取りができる	病状の悪化を防ぐ。褥瘡の予防。介護負担の軽減	①健康管理、主治医との連絡　②介護相談・指導　③おむつ交換、陰部清拭　④定期診療、服薬管理　⑤短期入所生活介護　⑥福祉用具レンタル（ベッド、マットレス、車椅子、スロープ）	訪問看護、在宅訪問診療、家族、短期入所生活介護、福祉用具貸与
知人、緩和ケアナース、介護支援専門員、病院MSWの連携で自宅で過ごす	痛みがコントロールされる。食事摂取量を維持する	病状悪化時の連携体制（知人、緩和ケアナース、病院MSW）	ケアマネジャー、知人、緩和ケアナース、病院MSW
家族とともに穏やかに過ごす	痛みや苦しさが和らいで穏やかに過ごす。看護師が訪問することで在宅療養が続けられる	①健康チェック　②訪問診療、緩和治療　③介護相談、療養指導　④デスエデュケーション	訪問診療（医療保険）
体力の低下を防ぎ、病状が安定する。意欲の低下を防ぐ	風邪を予防する。服薬を守る	定期通院、服薬管理	医療機関、家族、本人
血糖コントロールを継続する	訪問看護支援でインスリン注射と服薬を継続する。ヘルパー支援で定期通院する	①インスリン注射　②服薬管理、定期受診　③病院看護師との連携　④主治医への連絡　⑤療養指導、総菜購入の助言　⑥定期受診介助	訪問看護、病院外来看護師
在宅生活が継続できる。介護負担の軽減ができる	呼吸状態の悪化を防ぐ	①定期的な医師の診察　②服薬管理、呼吸状態の管理　③療養相談	訪問診療、居宅療養管理指導
在宅生活が継続できる。介護負担の軽減ができる	呼吸状態の悪化を防ぐ	在宅酸素の管理、医師への連絡	在宅酸素供給事業所

サービス種別文例集

*状態が同じものは一番上に一つだけ入っています

標準分析項目	原因	状態	ニーズ・課題
医療サービス等●●●●● 特別な状況〈医療連携〉	糖尿病、慢性呼吸不全、神経因性膀胱	在宅酸素、人工呼吸、インスリン療法、廃用症候群。車椅子自走はできない。起き上がり、立ち上がり、移乗、更衣、排泄等すべてに介助を要する。認知症のため理解力がない	親子二人の生活を続けたい
医療サービス等●●●●● 特別な状況〈医療連携〉	糖尿病、慢性呼吸不全、神経因性膀胱		親子二人の生活を続けたい
医療サービス等●●●●● 特別な状況〈医療連携〉	統合失調症	統合失調症で入退院繰り返す。うつ状態で半年入院。在宅生活を再開。服薬・精神的支援や日常の助言、見守りを要する	服薬・精神的支援や日常の助言、見守りを要する
医療サービス等●●●●● 特別な状況〈医療連携〉	パーキンソン病	パーキンソン病末期状態で四肢筋固縮、関節拘縮し、すべてにおいて全介助状態で、胃ろう造設している	寝たきりでも一緒に食事ができなくても娘と（母と）この家で暮らしたい。穏やかに在宅生活を続けたい
医療サービス等●●●●● 特別な状況〈医療連携〉	慢性呼吸不全、気管支喘息で在宅酸素療法中。大腿骨頸部骨折	呼吸不全、心不全で疲れやすいが、着替えや食事、ベッドの上がり、更衣動作は自分ですることができる	着替えや更衣、ポータブルトイレの上り降りは自分でしたい
医療サービス等●●●●● 特別な状況〈医療連携〉	慢性呼吸不全、気管支喘息で在宅酸素療法中。大腿骨頸部骨折		着替えや更衣、ポータブルトイレの上り降りは自分でしたい
医療サービス等●●●●● 特別な状況〈医療連携〉	介護者が外国人	認知症、糖尿病など複数の病気を持つ夫を介護している。妻が日本語を読めないため介護に関する社会的情報が乏しい	夫の介護を継続するために介護に関する情報の提供や専門職による療養相談、病状悪化時の連携をつくる必要がある

「居宅サービス計画書　第2表」部分　＊複数のサービスがあるものは、同じものですがそれぞれに入っています。

長期目標	短期目標	サービス内容	サービス種別
在宅生活が継続できる。介護負担の軽減ができる	血糖がコントロールされる	①定期的な医師の診察、服薬管理、インスリン注射　②留置カテーテル管理、交換　③血糖の管理　④療養相談	訪問診療、居宅療養管理指導
在宅生活が継続できる。介護負担の軽減ができる	褥瘡ができない	定期的な医師の診察、服薬管理、療養相談	訪問診療、居宅療養管理指導
精神的に安定することで在宅生活を継続できる	きちんと通院する。公共交通機関を利用して通院する	①服薬管理、療養相談　②精神的支援（本人の話をよく聞く）　③主治医、MSWとの連携	訪問看護、家族、医療機関、ケアマネジャー
娘との生活を継続できる	肺炎の再発を防止する。胃ろうトラブルを防ぐ。円滑に胃ろう注入ができる。褥瘡を予防する	①健康チェック、内服管理、送迎時の施錠確認　②胃ろう管理、胃ろう注入　③褥瘡予防、療養相談、医師、サービス提供事業者との連携　④病状管理	訪問診療、訪問看護
心不全、呼吸状態の悪化を防ぐ	体調管理を行う	①呼吸状態と体調の管理　②褥瘡の早期発見と再発予防　③在宅酸素管理　④服薬、栄養管理、療養相談　⑤主治医、他事業者との連携	医療機関、在宅酸素提供事業所
心不全、呼吸状態の悪化を防ぐ	呼吸状態、在宅酸素の管理を行う	呼吸状態と体調の管理、在宅酸素管理	在宅酸素提供事業所
介護に必要な情報を得ることができ、体調や介護について常に相談できる	訪問看護、主治医連絡票を通して日常生活を伝え、的確な治療が継続できる	①服薬管理　②療養相談　③訪問看護報告書、主治医連絡票の提出	医療機関MSW、訪問看護

文例集さくいん

ページ数は、課題分析標準項目別分類／サービス種別分類の順になっています。

	原因	状態	ページ
■ 短期入所生活介護			
あ	アルツハイマー型認知症	10年前に診断、徘徊傾向、妄想・幻覚	48 認知／92
か	家族不和	幼少時に育児放棄、介護者が暴れる	74 虐待／92
た	胆のうがん、老衰	胆のうがん、老衰	80 ターミナルケア／92
に	認知症	不安神経症。妻に暴力	54 認知／92
	認知症	介護保険上限超え、経済負担が大きい	70 介護力／92
	認知症	30分おきにトイレ、介護者の疲労	74 虐待／92
	認知症	介護者の暴言暴力	74 虐待／92
	認知症	介護者による身体的虐待	74 虐待／92
ら	卵巣がん	卵巣がん末期、できるだけ家で	80 ターミナルケア／92
■ 通所介護			
あ	アルツハイマー型認知症	介入拒否後、通所介護開始	48 認知／96
	アルツハイマー型認知症	アリセプト服用。暴言、妄想があり入院	48 認知／96
う	うつ病	入浴していない	26 健康状態／94
	うつ病	意欲、体力の低下	62 褥瘡・皮膚の問題／100
	うつ病	入浴、尿とりパッド交換、尿臭に無頓着	62 褥瘡・皮膚の問題／100
さ	再生不良性貧血	寛解期だが急変の可能性がある	30 健康状態／94 84 医療連携／100
し	若年性認知症	進行が顕著で著しい不安	48 認知／96
	心不全	身体負担が重い	64 褥瘡・皮膚の問題／100
た	大腿骨骨折後	入院による体力低下	34 健康状態／94
と	統合失調症	高齢者専用住宅で生活を再開	28 健康状態／94
	統合失調症	服薬・精神的支援、見守りを要する	86 医療連携／102
	閉じこもり、腰痛、変形性膝関節症、巻き爪	一人で入浴できない	60 排尿・排便／100
な	難聴	他者の言葉が聞き取りにくい	56 コミュニケーション／98
に	認知症	高価な物購入、一人暮らし	28 健康状態／94
	認知症	日常生活のリズムが崩れる	50 認知／96 58 社会とのかかわり／100
	認知症	記憶障害、夫の薬を大量に飲む	50 認知／96
	認知症	下肢の浮腫、暴言、失禁、入浴拒否	50 認知／96
	認知症	家事、金銭、服薬管理ができない	50 認知／96、98
	認知症	記憶障害、身なり乱れ、入浴しない	52 認知／98
	認知症	高齢の夫と二人暮らし。転倒を繰り返す	52 認知／98
	認知症	脳外傷、硬膜下血腫、高次脳機能障害	52 認知／98
	認知症	入浴の着替えを用意できない	54 認知／98
	認知症	失禁があり、気づかない	54 認知／98
	認知症	体の洗い方がわからない	62 褥瘡・皮膚の問題／100
	認知症	歯磨きをさせず、口臭が強い	64 口腔衛生／100
	認知症	介護者の暴力	74 虐待／100
	認知症	詐欺被害に遭う	88 経済状況／102
	認知症	同じ物をたくさん買い込む	88 経済状況／102
	認知症、糖尿病	血糖コントロールができない	54 認知／98
の	脳血管障害	会話の速度についていけない	56 コミュニケーション／98
	脳梗塞後遺症	日中独居、転倒不安	42 ADL／96
は	パーキンソン病	全介助、胃ろう	28 健康状態／94
	パーキンソン病	入浴に介助を要する	40 ADL／96
	パーキンソン病	薬が切れると全身が動かなくなる	56 社会とのかかわり／100
	パーキンソン病	全介助、胃ろう	86 医療連携／102
	廃用症候群、閉じこもり	気持ちの張りが薄れている	58 社会とのかかわり／100
ふ	不眠	毎日眠れない	26 健康状態／94

	原因	状態	ページ
へ	変形性膝関節症	加重時、歩行時に痛みがある	34 健康状態／94
ま	慢性呼吸不全、気管支喘息、大腿骨頸部骨折	在宅酸素療法中、疲れやすい	34 健康状態／94
	慢性呼吸不全	労作時の息苦しさや疲れやすさ	64 褥瘡・皮膚の問題／100

■ 通所リハビリテーション

	原因	状態	ページ
あ	アルツハイマー型認知症	10年前に診断、徘徊傾向、妄想・幻覚	48 認知／108
	アルツハイマー型認知症	記銘力低下著明で日常生活に介助を要する	48 認知／108
	アルツハイマー型認知症	体力低下するも改善傾向に	48 認知／108
い	胃がん全摘後	入院、手術による体力、筋力の低下	36 健康状態／104
う	うつ病	食欲不振	26 健康状態／102
え	ADL低下	廃用症候群から意欲低下	56 認知／110
			58 社会とのかかわり／110
し	失語症	言葉が出にくい	56 認知／110
	心不全	入院による体力、筋力の低下	34 健康状態／104
	心不全、糖尿病、変形性膝関節症	歩行状態不安定、転倒の危険が高い	40 ADL／106
せ	脊柱管狭窄症	痺れや腰痛で長い距離を歩けない	40 ADL／106
た	大腿骨骨折後	浴槽の出入りや入浴で疲れてしまう	60 排尿・排便／110
と	洞不全症候群	入院による体力、筋力の低下	34 健康状態／104
	洞不全症候群		40 ADL／106
	閉じこもり、腰痛、変形性膝関節症、巻き爪	一人で入浴できない	60 排尿・排便／110
	突発性正常圧水痘症	VPシャント術行う。移動、移乗要介助	38 ADL／106
に	認知症	息子家族と同居、日中は一人になる	28 健康状態／102
	認知症	不安感強くアルコールを多量摂取する	48 認知／108
	認知症	食事以外寝たきりで意欲も低下	50 認知／108
	認知症	家族以外と交流なく、認知症状も進行傾向	50 認知／108
	認知症	一人で暮らすことに不安	52 認知／108
	認知症	認知症進行予防でデイケアに通う	52 認知／108
	認知症	意欲が低下し寝たきり	54 認知／110
	認知症	怒りっぽく、妻に暴力	54 認知／110
	認知症	何度も同じところを洗い、繰り返し洗髪	60 排尿・排便／110
	認知症	献身的に介護するが協力者なく疲労	68 介護力／112
	認知症	介護保険上限超え、経済負担が大きい	68 介護力／112
	認知症	老老介護で徘徊あり	70 介護力／112
	認知症	感情が不安定で手がつけられない	70 介護力／112
	認知症、糖尿病	食事療法が守れずインスリンも中断して入院	32 健康状態／104
	乳がん	在宅療養を望む	82 ターミナルケア／112
	乳がん	だるく体を動かすこともままならない	82 ターミナルケア／112
の	脳梗塞	生活すべてで介助を要する	40 ADL／108
	脳梗塞、右片麻痺	構音障害あり、夫と二人	36 健康状態／104
は	パーキンソン病	全介助、胃ろう	28 健康状態／102
	パーキンソン病	入浴動作すべてに介助を要する	40 ADL／106
	パーキンソン病	リハビリパンツの交換ができない	40 ADL／106
	パーキンソン病	関節拘縮、筋固縮の進行でリハビリを要する	40 ADL／106
	パーキンソン病	病状は徐々に進行	40 ADL／106
	パーキンソン病	薬が切れると全身が動かなくなる	56 社会とのかかわり／110
	パーキンソン病	すり足	56 社会とのかかわり／110
	パーキンソン病	全介助、胃ろう	86 医療連携／112
	パーキンソン病、骨折、意欲低下	薬調整し経過は緩やか	28 健康状態／102
	廃用症候群	入院による体力、筋力の低下	36 健康状態／104
	廃用症候群	転倒の危険が高い	38 ADL／104

	原因	状態	ページ	
	廃用症候群	入院で廃用性筋力低下がある	38	ADL／104
	廃用症候群、閉じこもり	体力低下に伴い気持ちの張りが薄れる	58	社会とのかかわり／110
ひ	病状悪化、廃用症候群	自宅での入浴困難	62	褥瘡・皮膚の問題／110
ま	慢性呼吸不全、気管支喘息、大腿骨頸部骨折	在宅酸素療法中、疲れやすい	34	健康状態／104
よ	腰椎圧迫骨折	下肢筋力低下で転倒の危険が高い	38	ADL／104

■ 福祉用具貸与・購入

	原因	状態	ページ	
か	肝臓がん	肝臓がん末期	78	ターミナルケア／120
こ	骨粗しょう症	加重時、立ち座り時に痛み、コルセット装着	38	ADL／114
し	神経難病による筋力低下	握力もなく自力で浴槽をまたげない	64	褥瘡・皮膚の問題／116
す	膵臓がん	膵臓がん末期	76	ターミナルケア／118
せ	脊柱管狭窄症、腰椎圧迫骨折、糖尿病	廃用性の筋力低下	34	健康状態／114
	前立腺がん	前立腺がん末期	80	ターミナルケア／120
た	大腿骨頭部壊死、白血病	大腿骨頭部壊死、白血病	82	ターミナルケア／120
	大腸がん	大腸がん末期	80	ターミナルケア／120
	胆のうがん、老衰	胆のうがん、老衰	80	ターミナルケア／120
と	糖尿病、慢性呼吸不全、神経因性膀胱	起き上がり、移乗、排泄等要介助	30	健康状態／114
	糖尿病、慢性呼吸不全、神経因性膀胱	起き上がり、移乗、更衣、排泄等要介助	84	医療連携／120
	突発性正常圧水頭症	介護負担が増えている	38 70 74	ADL／116 介護力／118 居住環境／118
	突発性正常圧水頭症	VPシャント術行う。移動、移乗要介助	38	ADL／116
に	認知症	入院で症状進行、筋力・体力が低下	50	認知／116
	認知症	献身的に介護するが協力者なく疲労	68	介護力／118
	認知症	介護保険上限超え、経済負担が大きい	70	介護力／118
	認知症	夜間起き出すため、目が離せない	70	介護力／118
	認知症、在宅酸素	認知症末期、最期まで自宅介護を希望	26	健康状態／112
	乳がん	だるく体を動かすこともままならない	82	ターミナルケア／120
の	脳梗塞	右片麻痺、構音障害、生活すべてで要介助	40	ADL／116
	脳梗塞後遺症	左足麻痺、歩行時不安	42	ADL／116
	脳梗塞後遺症	介護者不在時の不安が募っている	42	ADL／116
	脳梗塞後遺症	退院後臀部に発赤	60	褥瘡・皮膚の問題／116
	脳出血、神経因性膀胱	右片麻痺。杖歩行、排泄も自分で行う	36	健康状態／114
	脳腫瘍	脳腫瘍末期	76	ターミナルケア／118
は	パーキンソン病	全介助、胃ろう	28	健康状態／112
	パーキンソン病	病状は徐々に進行	40	ADL／116
	パーキンソン病	全介助、胃ろう	86	医療連携／120
	肺がん	肺がん末期	76、78	ターミナルケア／118
	廃用症候群	入院による体力、筋力の低下	36	健康状態／114
	廃用症候群	転倒の危険が高い	38	ADL／114
	廃用症候群	入院で廃用性筋力低下がある	38	ADL／114
り	両下肢筋力低下、腰椎圧迫骨折	入浴時に介助を要する	38	ADL／114

■ 住宅改修

	原因	状態	ページ	
か	加齢	筋力、バランス力低下、動作緩慢	36	ADL／122
せ	脊柱管狭窄症	玄関アプローチから玄関まで段差がある	72	居住環境／122
	脊柱管狭窄症、腰椎圧迫骨折	腰痛、下肢筋力低下、歩行状態不安定	72	居住環境／122

	原因	状態	ページ
	脊柱管狭窄症、腰椎圧迫骨折、糖尿病	廃用性の筋力低下	34 健康状態／122
た	多発性骨髄腫	多発性骨髄腫の悪化	80 ターミナルケア／124
と	突発性正常圧水頭症	VPシャント術行う。移動、移乗要介助	38 ADL／122
の	脳梗塞後遺症	左足麻痺、歩行時不安	42 ADL／122
	脳梗塞後遺症	自宅内に段差多い	72 居住環境／122
	脳梗塞後遺症	室内狭く、車椅子での移動が困難	72 居住環境／122
	脳梗塞後遺症	床が滑りやすい	72 居住環境／124
は	パーキンソン病	トイレに間に合わないことが多い	60 排尿・排便／122
り	リウマチ	ドアの取っ手がつかみにくい	72 居住環境／124
	リウマチ	ドアの開閉がつらい	74 居住環境／124

■ 訪問介護

	原因	状態	ページ
あ	アルツハイマー型認知症	これまでできた家事ができない	46 認知／128
う	うつ病	自室の整理、整頓、清掃ができない	26 健康状態／124
か	片麻痺	バランス保持ができず、転倒の危険	62 褥瘡・皮膚の問題／130
	肝硬変非代償期、腎臓がん	終日寝たきり、入院拒否、低栄養状態	36 健康状態／128
	肝臓がん	肝臓がん末期	78 ターミナルケア／132
く	くも膜下出血	左上下肢不全麻痺、高次脳機能障害	36 健康状態／128
こ	誤嚥	食物が気道へ流入しやすい	66 食事摂取／132
せ	脊柱管狭窄症	古い家屋でつかまる所なく、転倒の危険	72 居住環境／132
	摂食不良	食べ物を見ても反応しない	68 食事摂取／132
た	大腿骨頸部骨折	リハビリで歩行器が利用できるまで回復	34 健康状態／126
	大腿骨骨折後	入院による体力、栄養状態、筋力の低下	34 健康状態／128
と	統合失調症	病状安定、複数の服薬をきちんとしている	28 健康状態／124
	統合失調症	高齢者専用住宅で落ち着いて過ごす	28 健康状態／124
	糖尿病	インスリン注射をしながら食べている	32 健康状態／126
	糖尿病	自己退院、インスリン自己注射できず	32 健康状態／126
	糖尿病	慢性腎不全で透析療法	32 健康状態／126
	糖尿病	食事、服薬、定期受診を守れない	32 健康状態／126
	糖尿病	食事療法を守れない	84 医療連携／132
	糖尿病、心不全	労作時息苦しく寝たきりの時間が増加	32 健康状態／126
	糖尿病、慢性呼吸不全、神経因性膀胱	起き上がり、移乗、更衣、排泄等要介助	30 健康状態／126
に	認知症	高価な物購入、一人暮らし	28 健康状態／124
	認知症	左上肢に軽い麻痺。清潔観念が低い	28 健康状態／124
	認知症	周辺症状で2カ月入院	52 認知／130
	認知症	記憶障害、身なり乱れ、入浴しない	52 認知／130
	認知症	一人で入浴できない。誰かに促してもらいたい	52 認知／130
	認知症	買い物時に動作が思い出せない	52 認知／130
	認知症	同じ物ばかり買ってしまう	54 認知／130
	認知症	入浴の着替えを用意できない	54 認知／130
	認知症	失禁があり、気づかない	54 認知／130
	認知症	口腔ケアをいやがり、かみつく	66 口腔衛生／130
	認知症	妻が亡くなり、家事援助が滞っている	70 介護力／132
は	パーキンソン病	手指の振戦、すくみ足、突進現象、オンオフ	28 健康状態／124
	パーキンソン病	リハビリパンツの交換ができない	40 ADL／128
	肺炎	体力、栄養状態が低下し、疲れやすい	34 健康状態／126
ひ	病状悪化	入浴ができない	62 褥瘡・皮膚の問題／130
よ	腰痛	部屋の掃除ができない	46 IADL／128
	腰痛	洗濯物を干す動作が難しい	46 IADL／128
ら	卵巣がん	卵巣がん末期	78 ターミナルケア／132

	原因	状態	ページ
り	両下肢筋力低下、腰椎圧迫骨折	入浴時に介助を要する	38 ADL／128

■ 訪問看護

	原因	状態	ページ
あ	圧迫骨折	腰痛があり一人の入浴に不安	62 褥瘡・皮膚の問題／138
	アルツハイマー型認知症	一度に1週間分の薬を飲んでしまう	48 認知／136
か	介護者が外国人	介護する妻が日本語を読めない	86 医療連携／142
	肝硬変非代償期、腎臓がん	終日寝たきり、入院拒否	36 健康状態／136
	肝臓がん	肝臓がん末期	78 ターミナルケア／140
こ	骨粗しょう症	加重時、立ち座り時に痛み、コルセット装着	38 ADL／136
し	神経難病による筋力低下	握力もなく自力で浴槽をまたげない	64 褥瘡・皮膚の問題／138
	進行性難病	制度利用や、介護指導が必要	86 医療連携／142
	腎臓がん	腎臓がん末期	80 ターミナルケア／140
	心不全	入院による体力、筋力の低下	34 健康状態／136
せ	摂食不良	食べ物を見ても反応しない	68 食事摂取／138
	前立腺がん	前立腺がん末期	80 ターミナルケア／140
た	大腿骨頭部壊死、白血病	大腿骨頭部壊死、白血病	82 ターミナルケア／140
	大腸がん	大腸がん末期	80 ターミナルケア／140
	脱水	脱水、低栄養状態で浮腫がある	64 褥瘡・皮膚の問題／138
	多発性骨髄腫	多発性骨髄腫の悪化	80、82 ターミナルケア／140
	胆のうがん、老衰	胆のうがん、老衰	80 ターミナルケア／140
と	統合失調症	高齢者専用住宅で生活を再開	28 健康状態／134
	統合失調症	服薬・精神的支援、見守りを要する	86 医療連携／142
	糖尿病	インスリン注射をしながら食べている	32 健康状態／134
	糖尿病	自己退院、インスリン自己注射できず	32 健康状態／134
	糖尿病	過食でHbA1C常に高値、皮膚トラブル併発	40 ADL／136
	糖尿病	インスリン注射をしながら食べている	84 医療連携／142
	糖尿病、低温やけど、認知症	仙骨部に低温やけど、びらん状態	64 褥瘡・皮膚の問題／138
	糖尿病、慢性呼吸不全、神経因性膀胱	起き上がり、移乗、更衣、排泄等要介助	30 健康状態／134 84 医療連携／142
に	乳がん	在宅療養を望む	82 ターミナルケア／142
	認知症	下肢の浮腫、暴言、失禁、入浴拒否	50 認知／136
	認知症	入院で症状進行、筋力・体力が低下	50 認知／136
	認知症	何度も同じところを洗い、繰り返し洗髪	60 排尿・排便／136
	認知症	寝たきり。失禁により感染しやすい状態	62 褥瘡・皮膚の問題／138
	認知症、在宅酸素	認知症末期、最期まで自宅介護を希望	26 健康状態／132
	認知症、脱水	低温やけどで臀部、仙骨部に潰瘍がある	62 褥瘡・皮膚の問題／138
	認知症、糖尿病	血糖コントロールができない	30 健康状態／134
	認知症、糖尿病	食事療法が守れずインスリンも中断して入院	32 健康状態／134
の	脳梗塞後遺症	退院後臀部に発赤	60 褥瘡・皮膚の問題／136
は	パーキンソン病	全介助、胃ろう	28 健康状態／134
	パーキンソン病	入浴動作すべてに介助を要する	40 ADL／136
	パーキンソン病	介護者が治療方法に理解ない	70 介護力／138
	パーキンソン病	全介助、胃ろう	86 医療連携／142
	パーキンソン病末期	ホンヤールⅣで寝たきり	62 褥瘡・皮膚の問題／138
	肺がん	肺がん末期	76、78 ターミナルケア／138、140
ふ	複数の病気	食事療法が守れず胃潰瘍を繰り返す	36 健康状態／136
ま	末期がん	舌根が沈下し口腔内乾燥	64 口腔衛生／138
	慢性呼吸不全、気管支喘息、大腿骨頸部骨折	疲れやすいが更衣、食事は自分でする	86 医療連携／142
ろ	老衰、認知症	寝たきり状態	64 褥瘡・皮膚の問題／138

	原因	状態	ページ
■ 訪問歯科			
の	脳梗塞後遺症	飲み込み時にむせやすい	66 口腔ケア／144 66 食事摂取／144
■ 訪問入浴			
す	膵臓がん	膵臓がん末期	76 ターミナルケア／144
た	胆のうがん、老衰	胆のうがん、老衰	80 ターミナルケア／144
は	パーキンソン病末期	ホンヤールⅣで寝たきり	62 褥瘡・皮膚の問題／144
ま	末期がん	全身の衰弱、るい痩が進んでいる	64 褥瘡・皮膚の問題／144
ら	卵巣がん	卵巣がん末期	78 ターミナルケア／144
ろ	老衰、認知症	寝たきり状態	64 褥瘡・皮膚の問題／144
■ 訪問リハビリテーション			
こ	骨粗しょう症	加重時、立ち座り時に痛み、コルセット装着	38 ADL／146
と	突発性正常圧水頭症	介護負担が増えている	38 ADL／146 70 介護力／146 74 居住環境／146
に	認知症、在宅酸素	認知症末期、最期まで自宅介護を希望	26 健康状態／146
■ 居宅介護支援			
か	介護者が外国人	介護する妻が日本語を読めない	86 医療連携／150
	家族不和	介護者が暴れる	74 虐待／148
せ	摂食不良	食事をとったりとらなかったりムラがある	68 食事摂取／148
	前立腺がん	前立腺がん末期	80 ターミナルケア／150
と	統合失調症	高齢者専用住宅で生活を再開	28 健康状態／146
	統合失調症	服薬・精神的支援、見守りを要する	86 医療連携／150
	糖尿病	インスリン注射をしながら食べている	32 健康状態／146
に	認知症	高価な物購入、一人暮らし	28 健康状態／146
	認知症	家事、金銭、服薬管理ができない	50 認知／148
	認知症	介護保険上限超え、経済負担が大きい	70 介護力／148
	認知症	介護者が大声で怒鳴る	74 虐待／148
	認知症	体調悪く人に任せられず疲労蓄積	74 虐待／148
	乳がん	乳がん末期	82 ターミナルケア／150
の	脳梗塞後遺症	介護疲労蓄積、介護者への支援が必要	42 ADL／148
は	肺がん	肺がん末期	78 ターミナルケア／148
ひ	病状悪化	入浴ができない	62 褥瘡・皮膚の問題／148
ふ	複数の病気	食事療法が守れず胃潰瘍を繰り返す	36 健康状態／146
ほ	本人と息子が経済苦、認知症、全身状態の衰弱	息子がサービスの利用や治療を拒否	88 経済状況／150
■ 行政フォーマルサービス・地域包括センター等			
か	家族不和	介護者が暴れる	74 虐待／152
	肝硬変非代償期、腎臓がん	終日寝たきり、入院拒否、低栄養状態	36 健康状態／152
こ	骨粗しょう症	骨がもろく、転ぶとすぐに骨折してしまう	30 健康状態／150
さ	再生不良性貧血	寛解期だが急変の可能性がある	30 健康状態／150 82 医療連携／154
しせ	初期認知症	何となく物忘れが増えている	46 認知／152
せ	前立腺がん	前立腺がん末期	80 ターミナルケア／154
に	認知症	高価な物購入、一人暮らし	28 健康状態／150
	認知症	家事、金銭、服薬管理ができない	50 認知／152
	認知症	一人暮らし、先のことを誰かに託したい	52 認知／152
	認知症	怒りっぽく、妻に暴力	54 認知／152
	認知症	暴力、徘徊があり、目が離せない	70 介護力／152

	原因	状態	ページ
	認知症	介護者が大声で怒鳴る	74 虐待／152
	認知症	体調悪く人に任せられず疲労蓄積	74 虐待／152
の	脳梗塞後遺症	食事をつくれない	44 IADL／152
は	肺炎	体力、栄養状態が低下し、疲れやすい	34 健康状態／150
ふ	不眠	夜間排泄が心配で毎日眠れない	26 健康状態／150
ほ	本人と息子が経済苦、認知症、全身状態の衰弱	息子がサービスの利用や治療を拒否	88 経済状況／154

■ インフォーマルサポート

	原因	状態	ページ
あ	アルツハイマー型認知症	これまでできた家事ができない	46 認知／158
	アルツハイマー型認知症	アリセプト服用中。暴言、妄想で入院	48 認知／158
	アルツハイマー型認知症	変形性膝関節症で膝痛あり	48 認知／158
こ	誤嚥	咀嚼機能の低下がある	66 食事摂取／162
せ	脊柱管狭窄症	庭の手入れ、暑さ対策ができない	44 IADL／156
	脊柱管狭窄症	高い所の作業ができない	44 IADL／156
	脊柱管狭窄症	重い物が持てない	44 IADL／158
	脊柱管狭窄症	積雪時の雪かきなどができない	44 IADL／158
	脊柱管狭窄症	布団の上げ下げができない	46 IADL／158
	脊柱管狭窄症	古い家屋でつかまる所がなく、転倒の危険	72 居住環境／162
た	大腿骨骨折後	入院による体力、栄養状態、筋力の低下	34 健康状態／156
	単身独居認知症	一人暮らしで食生活が乱れている	66 食事摂取／162
と	糖尿病	介護負担が重い	32 健康状態／154
	糖尿病	介護者が精神的に追い詰められている	72 介護力／162
に	認知症	高価な物購入、一人暮らし	28 健康状態／154
	認知症	シェーグレン症候群等で通院継続中	52 認知／158
	認知症	買い物時に動作が思い出せない	52 認知／158
	認知症	少し前のことをすぐに忘れる	54 認知／158
	認知症	時間の経過がうまくつかめない	54 認知／158
	認知症	洋服を着る時季節感がうまく出せない	54 認知／160
	認知症	人との会話がうまく成り立たない	54 認知／160
	認知症	同じ物ばかり買ってしまう	54 認知／160
	認知症	妻がしょうがを20個買う	68 介護力／162
	認知症、脱水	低温やけどで臀部、仙骨部に潰瘍がある	62 褥瘡・皮膚の問題／160
	認知症、糖尿病	血糖コントロールができない	32 健康状態／154
の	脳梗塞後遺症	庭の手入れ、暑さ対策ができない	42 ADL／156 44 IADL／156
	脳梗塞後遺症	予後の経過順調。意欲が出てきている	42 ADL／156
	脳梗塞後遺症	重いごみが出せず、出す日が覚えられない	42 IADL／156
	脳梗塞後遺症	両手に痺れがあり、庭の作業ができない	42 IADL／156
	脳梗塞後遺症	布団干しができない	44 IADL／156
	脳梗塞後遺症	冷蔵庫の開け閉めが難しい	44 IADL／156
	脳梗塞後遺症	寝たり起きたりで張りのない生活	58 社会とのかかわり／160
	脳梗塞後遺症	退院後ぼうっとした生活をしている	58 社会とのかかわり／160
	脳梗塞後遺症	退院後臀部に発赤	60 褥瘡・皮膚の問題／160
	脳梗塞後遺症	飲み込み時にむせやすい	66 口腔ケア／160 66 食事摂取／160、162
	脳梗塞後遺症	ちょっとした段差につまずきやすい	72 居住環境／162
	脳梗塞後遺症	体温調節機能が低下している	72 居住環境／162
は	パーキンソン病	すり足	56 社会とのかかわり／160
	肺炎	体力、栄養状態が低下し、疲れやすい	34 健康状態／154
	肺がん	リンパに転移。体調はいいが自宅にこもる	58 社会とのかかわり／160

	原因	状態	ページ

■ 一般施策

	原因	状態	ページ
に	認知症、糖尿病	食事療法が守れずインスリンも中断して入院	32 健康状態／164

■ 社会福祉協議会

	原因	状態	ページ
て	低所得者	必要なサービスを利用できない	88 経済状況／164

■ 医療サービス等

	原因	状態	ページ
あ	アルツハイマー型認知症	これまでできた家事ができない	46 認知／168
	アルツハイマー型認知症	一度に1週間分の薬を飲んでしまう	48 認知／168
か	介護者が外国人	介護する妻が日本語を読めない	86 医療連携／174
	肝臓がん	肝臓がん末期	78 ターミナルケア／172
こ	骨粗しょう症	骨がもろく、転ぶとすぐに骨折してしまう	30 健康状態／164
	骨粗しょう症	加重時、立ち座り時に痛み、コルセット装着	38 ADL／166
さ	再生不良性貧血	寛解期だが急変の可能性がある	30 健康状態／166 82 医療連携／172
し	若年性認知症	進行が顕著で著しい不安	48 認知／168
す	膵臓がん	膵臓がん末期	76 ターミナルケア／170
た	脱水	脱水、低栄養状態で浮腫がある	64 褥瘡・皮膚の問題／168
	胆のうがん、老衰	胆のうがん、老衰	80 ターミナルケア／172
と	統合失調症	高齢者専用住宅で生活を再開	28 健康状態／164
	統合失調症	服薬・精神的支援、見守りを要する	86 医療連携／174
	糖尿病	自己退院、インスリン自己注射できず	32 健康状態／166
	糖尿病	過食でHbA1C常に高値、皮膚トラブル併発	40 ADL／166
	糖尿病	食事療法を守れない	84 医療連携／172
	糖尿病、慢性呼吸不全、神経因性膀胱	起き上がり、移乗、更衣、排泄等要介助	30 健康状態／166 84 医療連携／172、174
	洞不全症候群	入院による体力、筋力の低下	40 ADL／166
に	乳がん	抗がん剤の副作用がつらい	36 健康状態／166
	乳がん	乳がん末期	82 ターミナルケア／172
	乳がん	乳がん	82 ターミナルケア／172
	認知症	家事、金銭、服薬管理ができない	50 認知／168
	認知症	認知症は治ると信じている	68 介護力／168
	認知症	介護者が精神疾患、仕事で疲れ切る	68 介護力／168
	認知症	老老介護の夫が在宅介護を希望	70 介護力／168
	認知症	暴力、徘徊があり、目が離せない	70 介護力／170
	認知症	感情が不安定で手がつけられない	70 介護力／170
	認知症、糖尿病	血糖コントロールができない	30 健康状態／166
の	脳梗塞	右片麻痺、構音障害、生活すべてで要介助	40 ADL／168
	脳腫瘍	脳腫瘍末期	76 ターミナルケア／170
は	パーキンソン病	全介助、胃ろう	28 健康状態／164
	パーキンソン病	内服コントロールするが緩やかに進行	28 健康状態／164
	パーキンソン病	介護者が治療方法に理解ない	70 介護力／170
	パーキンソン病	全介助、胃ろう	86 医療連携／174
	パーキンソン病、骨折、意欲低下	薬調整し経過は緩やか	28 健康状態／164
	肺がん	肺がん末期	78 ターミナルケア／170
ふ	複数の病気	食事療法が守れず胃潰瘍を繰り返す	36 健康状態／166
	不眠	かゆみ、痛みのために眠れない	26 健康状態／164
ま	慢性呼吸不全、気管支喘息、大腿骨頸部骨折	更衣、食事、ベッドの上がりは自分でする	86 医療連携／174

183

著者紹介

土屋典子（つちや・のりこ）
1994年東京都立大学社会科学研究科社会福祉専攻修士課程修了。同年、財団法人調布ゆうあい福祉公社に入る。2000年より介護支援専門員として介護保険事業に携わり、居宅介護支援事業、訪問介護事業、地域包括支援センター事業担当課長を務める。
法政大学を経て、現在、立正大学社会福祉学部准教授。高齢者福祉論、福祉サービス論担当。
著書：共著に『社会福祉士、精神保健福祉士、介護支援専門員になるために』（誠信書房）『在宅介護支援センターのソーシャルワーカー』（有斐閣）『ケアプランのつくり方・サービス担当者会議の開き方・モニタリングの方法』『高齢者虐待にどう向き合うか』（瀬谷出版）他

上田やす子（うえだ・やすこ）
1981年天理看護学院卒業。天理よろず相談所病院等勤務。介護認定審査会事務局勤務を経て2002年より千木園居宅介護支援事業所 主任介護支援専門員。

居宅介護支援専門員のためのケアマネジメント入門④
ケアプラン文例集②

2015年 3月 9日 初版第1刷発行
2022年 5月26日 初版第5刷発行

著者　土屋典子
文例作成協力　上田やす子

装丁・本文デザイン　山内たつゑ
イラスト　福井若恵
校正　多賀谷典子

発行者　瀬谷直子
発行所　瀬谷出版株式会社
　　　　〒102-0083
　　　　東京都千代田区麹町5-4
　　　　電話 03-5211-5775　FAX 03-5211-5322
　　　　ホームページ http://www.seya-shuppan.jp

印刷所　倉敷印刷株式会社

乱丁・落丁本はお取り替えいたします。許可なく複製・転載すること、部分的にもコピーすることを禁じます。

Printed in JAPAN © 2015 Noriko Tsuchiya